重庆工商大学2018年国家一流专业经济学项目资助

中国产业结构变迁对经济增长质量影响研究

ZHONGGUO CHANYE
JIEGOU BIANQIAN DUI JINGJI ZENGZHANG ZHILIANG
YINGXIANG YANJIU

邹 圆◎著

西南财经大学出版社
中国 · 成都

图书在版编目(CIP)数据

中国产业结构变迁对经济增长质量影响研究/邹圆著．—成都：西南财经大学出版社，2022.6
ISBN 978-7-5504-5118-6

Ⅰ.①中…　Ⅱ.①邹…　Ⅲ.①产业结构调整—影响—中国经济—经济增长质量—研究　Ⅳ.①F124

中国版本图书馆 CIP 数据核字(2021)第 210898 号

中国产业结构变迁对经济增长质量影响研究
邹圆　著

责任编辑：张岚
责任校对：廖韧
封面设计：墨创文化
责任印制：朱曼丽

出版发行	西南财经大学出版社(四川省成都市光华村街 55 号)
网　　址	http://cbs.swufe.edu.cn
电子邮件	bookcj@swufe.edu.cn
邮政编码	610074
电　　话	028-87353785
照　　排	四川胜翔数码印务设计有限公司
印　　刷	郫县犀浦印刷厂
成品尺寸	170mm×240mm
印　　张	9.5
字　　数	177 千字
版　　次	2022 年 6 月第 1 版
印　　次	2022 年 6 月第 1 次印刷
书　　号	ISBN 978-7-5504-5118-6
定　　价	68.00 元

前言

随着人口红利与旧的改革红利逐渐消失，资源环境对经济增长的瓶颈约束日益凸显，新的改革红利还处在孕育环节，加之2008年金融危机以来外部市场的持续低迷，中国经济进入了新常态，并面临增长速度换挡期、结构调整阵痛期和前期刺激政策消化期“三期叠加”的复杂形势。要适应新常态，就需要打破“数量优先”的传统惯性思维，更加注重经济增长质量，以质量提升来促进经济的持续稳健增长。

经济增长质量有狭义和广义之分：狭义经济增长质量一般指经济增长效率；广义经济增长质量具有丰富的内涵，并随着语境的不同而有所差异，需要通过一个多维度、多指标的指标体系来综合反映。关于经济增长质量的已有研究大多是从广义层面上界定经济增长质量内涵或进行实证评价。实证研究中一般采用相对指数法、层次分析法、熵值法、因子分析法和主成分分析法等传统方法。由于改革开放才四十几年，宏观经济数据带有小样本特征，同时评价指标偏多且存在多重共线性。传统评价方法或基于大样本假设，或无法进行指标约简以消除多重共线性，这导致评价结果有可能出现一定程度的失真。因此，一是有必要进一步发展与小样本、多指标问题特征相匹配的评价方法，丰富经济增长质量评价的方法工具箱选项；二是需要进一步剖析中国经济增长质量不高的主要原因，以便找准提升经济增长质量的切入点。

本书的研究正是在“三期叠加”下我国经济增长质量亟需提高、学术界对经济增长质量的相关研究逐渐深入的背景下，从产业结构优化升级的角度出发，引入适应小样本的软集合方法和支持向量机作为测度中国经济增长质量状况及产业结构变迁对其影响的主要工具，并根据产业结构对经济增长质量的影响，提出以产业结构转型调整来提升经济增长质量的具体可行路径。

首先，在对狭义经济增长质量概念进行阐释的基础上，本书运用基于数据包络分析的曼奎斯特指数法测度了狭义的中国经济增长质量状况。狭义经济增长质量即经济增长效率。研究结果发现：增长质量指数近几年来出现逐渐改善的势头，但其改善速度仍较为缓慢。将指数拆分为技术进步、规模效率和纯技术效率后，发现对经济增长质量提升做出主要贡献的是技术进步，而规模效率与纯技术效率对此贡献不明显。

其次，在对国际国内已有研究进行归纳总结的基础上，结合新常态下的新语境，本书界定广义经济增长质量的内涵即经济、社会和环境三者耦合发展，并将之概括为经济增长的效率性、经济结构的趋优性、经济系统的稳定性、经济驱动的创新性、经济福利的共享性以及资源环境的包容性六个维度，同时建立了相应的评价指标体系。本书利用基于软集合参数约简的集成评价方法对历年中国广义经济增长质量进行评价，并测算了经济增长数量与质量的背离程度。研究发现：广义经济增长质量的提升速度大幅滞后于同期 GDP（国内生产总值）增速，质量与数量的背离是常态，但近年来有所好转，出现了同步发展的迹象。本书进一步分析了造成这种数量与质量不一致的主要原因。

再次，根据产业结构变迁对经济增长质量的影响机制，本书从产值结构、就业结构、产业发展、产业结构合理化与产业结构高级化五个方面来构建衡量产业结构的指标体系，利用基于软集合的最小二乘支持向量机回归方法，量化测算我国历年来产业结构变化对经济增长质量的影响程度。研究结果表明：各产业结构指标对经济增长质量的影响表现出明显的阶段性特征，同时产业结构合理化与高级化尤其是合理化对我国经济增长质量的影响较大。

最后，本书提出了我国经济增长质量提升的产业结构优化升级路径。在对我国产业结构变迁对经济增长质量的影响效应进行分析的基础上，给出了以产业结构调整来提升我国经济增长质量的具体对策建议。

需要特别指出的是，本书的基础内容来源于笔者的博士学位论文，虽然今天看来数据略显陈旧，但笔者认为它对于经济增长质量的理论分析框架与实证测度研究以及以产业结构调整升级助推经济高质量发展的作用机制研究具有一定的学术价值，且对相关政策的制定具有一定的参考价值。近年来笔者对其进行了一定程度的更新与校正，现将其出版发行，希望为相关后续研究抛砖引玉。

2021 年 5 月

目录

1 绪论

经济增长历来就是一个备受关注、曝光率很高的经济研究课题。但同时，大多数研究往往从经济增长的源泉、动力角度切入，去探讨如何实现经济的数量型增长，即 GDP 的数值增加，而对经济增长带来的一系列后果如增长的代价、增长的优与劣、增长的前景等缺乏系统的理论层面的思考。本杰明·弗里德曼（2013）提出："一个国家的公民如何看待经济增长，并因此采取何种行动，是具有比我们传统上所认为的意义更广泛和重大的一件事情。"

根据现代经济增长的客观趋势，应该把经济增长看作一个复合型概念，它包括两个方面，即经济增长数量和经济增长质量。前者是指一个国家或地区在一定时期内物品和劳务实际产出水平或人均实际产出水平的持续增加，通常采用 GDP 或者人均 GDP 的增长速度来衡量。从由亚当·斯密开创的古典经济增长理论一直到现代新增长理论，主要关注的是增长的源泉和动力，其最终目的是研究如何实现经济数量的快速扩张。相对于经济增长数量而言，经济增长质量是一个更为宽泛的范畴，具有非常丰富的内涵（刘树成，2007）。研究经济增长质量主要从增长的代价、结果和前景等视角考察和评估。经济增长不仅是经济规模和"量"的扩大，而且还是经济结构的优化升级和"质"的提高。

一个国家经济生活的核心目的之一是实现经济平稳快速增长。但单纯以数量的扩张来度量整个经济的运行态势和绩效，无疑是既不科学也不合理的（阿罗 等，1995）。尤其对于广大发展中国家而言，由于经济起步较晚，且先天发展不足，往往采用扭曲资源价格、加大要素投入等手段来获得 GDP 的短暂高速增长（林毅夫，2012），而对于增长过程中出现的各种负外部效应总是加以选择性忽略。当这种外部效应累积到一定程度时，必然通过负反馈机制对经济增长进行抑制，导致经济回落或长期停滞，落入所谓的"中等收入陷阱"，从而引发尖锐的社会矛盾。因此，降低经济增长的各种成本，着力提升增长质量，实现经济增长数量、质量和效益的统一是实现经济可持续发展的必经之路。本书立足于中国经济新常态的现实国情和发展要求，基于经济增长质量的狭义与广义视角，分别使用基于数据包络分析的曼奎斯特指数法和软集合评价方法，量化评估了20世纪90年代以来中国经济增长质量的状况，并从产业结构的角度切入，通过引入基于软集合的最小二乘支持向量机回归方法，探讨产业结构变迁对经济增长质量的影响，从而找到一条以产业结构调整提升中国经济增长质量的可行路径。

1.1 问题的提出

1.1.1 研究背景

1.1.1.1 理论背景

在对经济增长问题的研究中，主流经济学家着眼于经济的数量增长，重点探讨经济增长的源泉、动力及其作用机制，并创建了大量的经济增长经典模型，诸如哈罗德-多马模型、索洛-斯旺模型、阿罗的干中学模型、内生经济增长理论中的罗默模型和卢卡斯模型等，且有大量的实证研究对这些经济增长模型进行定量分析和检验。经济增长理论主要是通过对生产要素的分析来阐释一定时期内国民收入的源泉问题，并认为经济增长的最终目的是实现经济数量的单纯增加，其评价标准一般是 GDP 增长率。但是，以 GDP 来度量经济绩效，存在许多缺陷。譬如：它无法衡量社会成本，无法衡量增长的代价及方式，无法衡量效益、质量与实际国民财富，无法衡量资源配置的效率，也无法衡量分配的公平性，更无法衡量诸如社会公正、幸福与快乐等价值判断。经济增长的最终目的应该是提高国民福利水平，改善民生。因此，应对增长过程中付出的各种代价进行核算，否则得不偿失。“为增长而增长”的唯 GDP 发展模式必然导致国民经济陷入高投入、高消耗、低效率、低福利和不可持续的发展困境。由当代新兴市场国家的经济增长实践可以看出，片面追求经济增长数量会导致经济效率低下、结构失调、收入差距持续拉大、资源消耗和生态严重破坏等问题，有增长无发展甚至负发展的情况屡见不鲜，给经济带来积重难返的恶果。《1996 年人类发展报告》在讨论经济增长与经济发展的联系时列举了五种“有增长无发展”的现象：无工作的增长、无声的增长、无情的增长、无根的增长、无未来的增长。无论是发达国家还是新兴经济体，过去的经济增长状况都印证了这五种“有增长无发展”现象的普遍存在。鉴于这种增长之殇，一些经济学者和社会人士开始反思追逐单纯的数量增长是否有意义，面对中国经济数量的热增长，许多学者对增长质量进行了冷思考：首先，通过研究得出了较为一致的结论，即我国的经济增长质量状况总体上不容乐观，其提升速度滞后于 GDP 增长速度。但在研究中对于广义经济增长质量的测度大多采用传统方法，这与中国经济增长质量评价的问题特征并不十分匹配，可能会造成评价结果一定程度上的失真。其次，在各种旨在提高经济增长质量的路径讨论上，缺乏从产业结构调整的角度来促进经济增长质量改善的路径思考。最后，传统的研究往往聚焦于产业结构对经济增长数量的影响，而很少考虑产业结构对经济增长质量的影响。基于此，本书不仅采用软集合智能方法来测度广义下的经济增长质量，而且提出了基于产业结构视角的经济增长质量影响因素关系研究。

1.1.1.2　现实背景

改革开放以来，中国经济取得了举世瞩目的增长成绩，年平均 GDP 增长率接近 10%。1978 年中国经济总量仅居于世界第 15 位，而经过短短四十几年的发展，2010 年中国经济总量已经超过日本，跃居为世界第二大经济体。根据世界银行相关数据（见表 1.1），2013 年我国 GDP 总量已达到 924 027 000 万美元，超过美国经济总量水平的一半，达到 55%。伴随着整体经济实力的大幅度提升，人民生活水平也得到明显改善。据中国统计年鉴数据，剔除通货膨胀因素，2013 年城镇居民人均可支配收入和农村居民人均纯收入分别为 26 955 元和 8 896 元，是 1978 年的 12.3 和 12.9 倍。这种令世人瞩目的经济发展成就引起了国际社会的广泛关注，被一些学者惊呼为“中国奇迹”（Stiglitz et al.；林毅夫 等，2006）。

表 1.1　2000 年及 2013 年世界各国 GDP 总量前十强 单位：万美元

排名	2000 年			2013 年		
	国家	GDP 总量	占世界份额/%	国家	GDP 总量	占世界份额/%
1	美国	983 740 600	31.2	美国	1 680 000 000	22.4
2	日本	484 158 400	15.4	中国	924 027 000	12.3
3	德国	187 299 200	5.9	日本	490 153 000	6.5
4	英国	141 455 700	4.5	德国	363 482 300	4.9
5	法国	129 424 600	4.1	法国	273 494 900	3.7
6	中国	107 994 800	3.4	英国	252 226 100	3.4
7	意大利	107 396 000	3.4	巴西	224 567 300	3.0

表1.1(续)

排名	2000 年			2013 年		
	国家	GDP 总量	占世界份额/%	国家	GDP 总量	占世界份额/%
8	加拿大	68 788 200	2.2	俄罗斯	209 677 700	2.8
9	巴 西	59 545 800	1.9	意大利	207 130 700	2.8
10	墨西哥	57 451 200	1.8	印 度	187 679 700	2.5

资料来源：世界银行 WDI 数据库。

然而，中国经济奇迹更多体现在数量层面，表现出“高数量、低质量、低效益”的增长特征。但是，影响经济增长前景和结局的不仅是经济增长数量，还有经济增长质量。由于传统的推动经济高速增长的人口红利、资源红利和改革红利正日渐消退，廉价劳动力优势逐步丧失，开始进入所谓的“刘易斯拐点”，如 2004 年春节后我国第一次出现的“民工荒”就说明了这一点。由于资源的瓶颈约束日益增强、新的改革红利需要孕育等诸多因素，中国经济运行中的一些潜在问题和矛盾逐渐显现出来。例如，各种结构性矛盾比较突出、经济运行过程中潜在波动风险加剧、增长成果分配不均、要素驱动型增长模式未得到根本转变、经济增长的资源环境代价较高、创新驱动程度有待提升。这些突出矛盾与风险隐含的便是经济增长的质量问题。

中国在改革开放四十几年以来的经济高速增长过程中积攒了不少结构性矛盾。时任总理温家宝在 2007 年“两会”后的记者招待会上指出，中国经济存在着“不稳定、不平衡、不协调、不可持续的结构性问题”。其中的“不稳定”是指投资增长率过高，信贷投放量过多，货币流动性过大，外贸与国际收支畸高；“不平衡”是指城乡之间、地区之间、经济和社会发展之间的不平衡；“不协调”是指三大产业比例不协调，投资消费结构不协调，经济增长过多依赖投资和外贸出口；“不可持续”是指没有很好地解决能耗和生态环境问题，资源环境包容性差。

2011 年 9 月世界经济论坛夏季达沃斯年会在中国大连举办。年会的主题拟定为“关注增长质量，掌控经济格局”。一方面，西方发达资本主义国家在反思自己的增长模式，过分依赖短暂的强力刺激对经济持续协调增长有害无益，西方各国需要有质量的增长；另一方面，作为新兴经济体和世界第二大经济体的中国，也需要探索适合自身的经济质量型增长之路。这预示关注经济增长质量，谋求有质量、可持续发展的经济新增长战略已经在世界范围内达成共识。

目前，中国处于经济转型改革的关键时期。传统的要素驱动、投资驱动随着资源约束日益加强，资本边际报酬逐渐下降而愈来愈乏力，经济结构尤其是产业结构不合理、不协调的问题日益凸显，经济增长速度明显放缓，进入“经济新常态”。适应经济新常态、继续推动经济向前持续健康发展，是事关全体国民福利和实现“中国梦”的重大战略举措。而这一举措的具体内核在于要注重经济增长质量，将传统的数量型增长转变到以提高经济增长质量和效益的质量型增长的正确轨道上来。2012 年召开的中央经济工作会议明确指出，“现阶段经济工作要以提高经济增长质量与效益为中心”。中共中央总书记习近平强调，增长必须是实实在在和没有水分的增长，是有效益、有质量、可持续的增长。习近平总书记在党的十九大报告中明确指出：“我国经济已由高速增长阶段转向高质量发展阶段。”实现高质量发展，是保持经济社会持续健康发展的必然要求，是适应我国社会主要矛盾变化和全面建设社会主义现代化国家的必然要求。

在经济增长过程中，由于任何要素的投入和产出都是在一定的产业结构下实现的，不同的产业结构对应着不同的产出水平和质量水平。因此，产业结构转变是促使经济增长质量变化的重要因素。同时，一国经济发展与其产业政策密切相关，长期受重化工业优先发展的主导产业政策影响，我国的工业化进程表现出较强的政策导向性。虽然近年来产业结构的不合理状况有所改善，但依然存在，与此同时，不合理的产业结构导致二元经济特征明显。这不仅意味着劳动力、资本与技术等生产要素的配置效率不高，还意味着农业与非农业发展的不协调程度较深。当下中国已经进入必须依靠结构转型升级来推动发展的新阶段（金碚 等，2011）。鉴于此，本书研究产业结构变迁对经济增长质量的影响作用，为以产业结构调整为契入点，释放“结构红利”，以提升我国经济增长质量的对策思路提供借鉴。

1.1.2 研究意义

尽管我国经济增长成绩斐然，多年来一直保持高速稳定增长，甚至在 2008 年世界金融危机期间中国经济也保持了强劲增长局面，可谓“风景这边独好”。但同时也要认识到我国的经济增长方式仍然以要素驱动型和投资驱动型为主，并主要依赖廉价劳动力和资源的高消耗，是粗放型的经济增长方式。这在资源约束不强的早期可以取得良好的增长效果，但随着人口红利的丧失和资本边际报酬的下降，以往的要素投入型的经济增长模式将难以为继。2012 年来，中国经济增速基本在 5%到 8%的个位数区间窄幅徘徊，经济增速告别两位数的高速增长时代，进入中高速增长的“新常态”。要适应“新常态”，就必须转变经济增长方式，即从过去的数量型增长转变为质量与数量兼顾、质量优先的质量型增长。

由此自然引出一个课题，如何界定经济增长质量内涵和对它进行评价，并找到新常态下推动经济增长质量提升的着力点。经济增长质量作为经济增长数量的重要补充，能够衡量经济增长的成本，表征增长过程的优劣。但是，关于经济增长质量的具体概念，迄今为止并没有一个统一的定义，这一概念往往伴随经济增长理论的发展而获得重新界定。广泛达成共识的是，经济增长质量是对增长过程的事后规范性评价，应当建立一个多维度的评价指标体系对它进行综合测度。关于经济增长质量评价方法的选取，现有研究中所使用的方法主要有相对指数法、层次分析法、熵值法、因子分析法和主成分分析法。其中相对指数法和层次分析法在指标集成中所涉及的权重是根据主观经验获取的，所获得的结果可比性较差；熵值法是客观赋权方法，但是它不能很好反映指标之间的关系；因子分析法根据降维的思路，把原始变量分解为公共因子和特殊因子两个部分，其缺点在于只能获得公共因子的变动趋势，不能很好地刻画各个维度的具体变化。被研究者广泛使用的方法是主成分分析法，通过降维将原始变量线性合成为几个不相关的主成分，但是新形成的主成分经济含义不明显，而且这种方法和因子分析法一样，都是基于大样本条件下的传统统计学方法，当样本容量较小、缺失数据较多、指标之间存在多重共线性的情况下，会出现较大的误差。由于改革开放的时间跨度较短，宏观经济年度数据明显带有小样本特征。因此，采用传统的评价方法会导致精确度偏低，甚至与真实现状有较大偏差。

本书的研究与写作，正是建立在对新常态下经济增长质量内涵的重新界定基础之上的，通过梳理经济增长质量内涵的维度特征及构建经济增长质量评价体系，明晰中国经济增长质量评价的问题特征，采用与此问题特征相匹配的软集合评价方法对广义层面下的中国经济增长质量现状进行综合测度，并利用基于软集合的最小二乘支持向量机回归方法，研究了产业结构变迁对经济增长质量的影响，指出了从产业结构调整角度来进一步提升我国经济增长质量的具体可行路径。

新常态下经济增长质量内涵具有新特征、新要求，评价方法需要新选择。首先，本书对新常态下经济增长质量内涵的界定有利于厘清中国经济现实问题，确定未来经济发展方向。其次，基于软集合理论的方法能有效处理小样本、多指标及部分指标之间存在高度相关性的评价问题，这恰恰与中国经济增长质量评价的问题特征相契合。最后，支持向量机也是一种处理小样本问题的有效方法，软集合与支持向量机的结合能够较为准确地量化测算产业结构对经济增长质量的影响。软集合方法一方面可以丰富经济增长质量评价的方法工具箱选择；另一方面也对我国在经济转型期剖析经济增长质量现状、找准提升增长质量和效益的有效路径、实现经济稳步持续增长具有一定的现实指导意义。

1.2 研究目标、内容与思路

1.2.1 研究目标

本书主要以软集合和支持向量机为分析工具，以国民经济系统运行的质量状况为主要分析对象，探究我国经济增长质量的真实状况以及产业结构对经济增长质量的影响关系，最终揭示一条从产业结构视角来提升我国经济增长质量的可行路径。围绕着这个总目标，本书设置了如下三个分目标：

①设置广义经济增长质量内涵及其评价指标体系。新常态下经济增长质量内涵界定、评价指标的选择与指标体系的构建是全面和客观评估中国经济增长质量的先决条件。

②根据我国近些年来的经济统计数据，使用基于数据包络分析的曼奎斯特指数法测算狭义经济增长质量，使用软集合参数约简方法测算广义经济增长质量，分析经济增长质量的总体特征及变化趋势，并探讨历年经济增长质量与数量的背离程度以及造成这种背离的原因。

③定性与定量描述中国产业结构变迁历程，使用基于软集合的最小二乘支持向量机回归方法测算产业结构变迁对经济增长质量的影响关系，构建制约我国经济增长质量进一步提高的主要产业结构指标，并在产业结构调整的基础上，提出改善我国经济增长质量状况的可行性路径。

1.2.2 研究内容

2008 年国际金融危机以来，全球经济格局持续调整，世界经济复苏乏力。西方发达国家采取“再工业化”战略，导致中国传统的低成本、低价格竞争优势逐渐丧失，出口呈现回落态势，中国经济增速旋即趋缓。尤其是 2011 年以来，中国 GDP 年增长率开始个位数增长且呈现下降趋势，中国经济步入中高速增长的新常态。新常态时期，经济增速换挡，经济增长从“速度时代”转向“质量时代”。由此出现一个亟待解决的课题，即如何正确评价中国经济增长质量现状以及找出致其提升的可行路径。基于这一现实要求，在借鉴国内外最新研究成果及实践经验的基础上，本书测算了狭义视角下的经济增长质量；并构建了广义经济增长质量的理论维度和评价指标体系，引入国际上流行的软集合智能方法，利用20世纪90年代以来的宏观经济数据，对中国经济增长质量状况进行综合评价，定量分析了我国经济增长数量与质量的背离态势；同时从产业结构的视角出发，运用基于软集合的最小二乘支持向量机回归方法，测度了产业结构变化对经济增长质量的影响。全书一共分为6章，各章内容如下：

第1章为绪论。本部分主要讲述了本书研究问题的理论与现实背景，本书所用到的研究方法、相关数据来源以及研究思路等，同时对全书各章内容进行初步介绍，使全书有一个较为清晰的框架，最后指出本书的主要创新点。

第2章为相关基础理论与文献综述。本部分首先对经济增长质量的研究现状进行了文献综述，包括经济增长质量的内涵、评价方法以及对中国经济增长质量状况的测度等，简要回顾了经济增长质量相关理论渊源和产业结构理论的演进过程；其次将产业结构与经济增长质量联系在一起，分析产业结构变迁对经济增长质量的影响机制并进行了文献综述；最后系统介绍了本书将要用到的软集合基础理论和支持向量机理论，对二者的研究现状进行综述和说明。

第3章为狭义视角下的中国经济增长质量评价。本部分首先介绍了数据包络分析和曼奎斯特指数模型，并利用它们对中国狭义经济增长质量，即经济增长效率进行测度，对测度结果进行分析说明。

第4章为广义视角下的中国经济增长质量评价。针对中国经济新常态的现实特征，本部分首先构建了经济增长质量的理论维度框架，并对各个维度进行较为深入的解释和剖析，筛选了各维度下的代表性衡量指标，建立了评价中国经济增长质量的多维度评价指标体系，并对每个指标的含义与意义进行解释说明；其次，建立了基于软集合参数约简的综合评价模型，利用该方法对广义视角下的中国经济增长质量进行测度；最后量化测算了历年中国经济增长质量与数量的背离状况，并对造成这种质量与数量不一致的经济增长质量问题的症状进行了剖析。

第5章为中国产业结构变迁对经济增长质量的影响测度。本部分首先回顾了中国产业结构的变迁历程，总结了我国产业结构变化的若干特征；其次构建了基于软集合的最小二乘支持向量机回归模型，并提出相应的具体算法，利用该方法测算了产业结构变迁对中国经济增长质量的影响程度，并简要总结了这种影响的特点。

第 6 章为结论与研究展望。本部分系统总结了前三章的研究结论，并以产业结构调整为突破口，提出促成我国经济增长质量提升的实际政策建议，最后对可能存在的不足之处以及需要进一步研究的问题进行了说明及展望。

1.2.3 研究技术路线图

本书按照提出问题—分析问题—解决问题的研究思路进行组织，研究技术路线如图 1.1 所示：

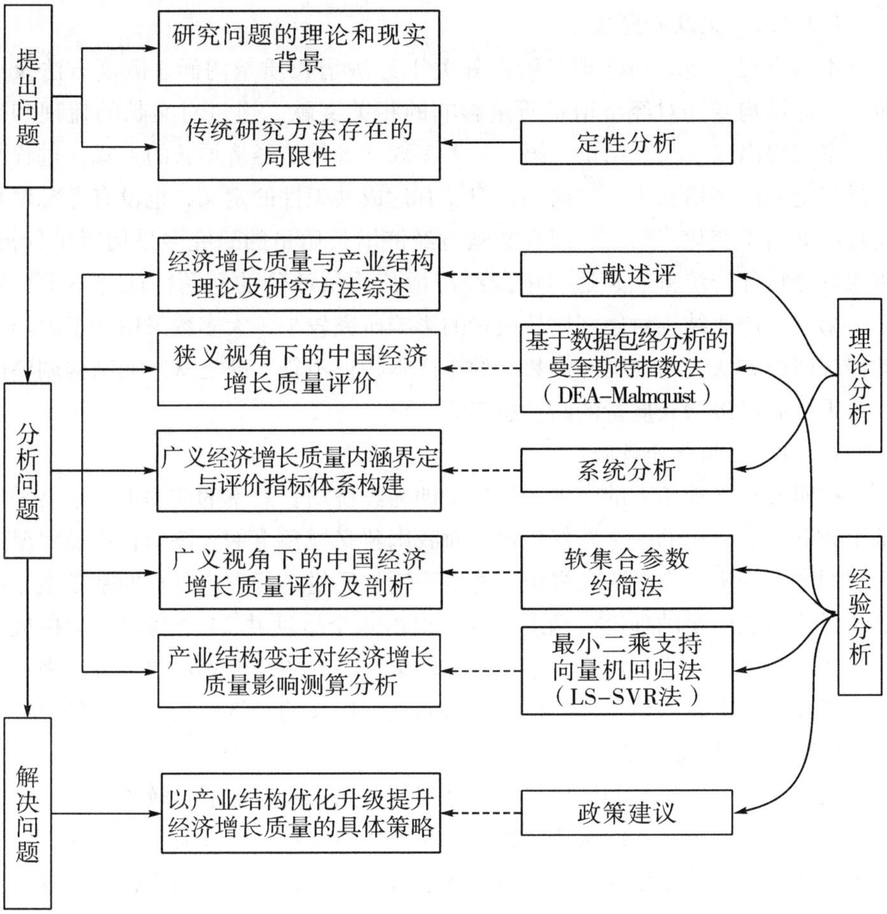

图 1.1 研究技术路线

1.3 研究方法与数据来源

1.3.1 研究方法

本书的研究采用理论分析与经验分析相结合、定性分析与定量分析相结合的分析方法，具体如下：

1.3.1.1 文献研究法

本书查阅、搜集和整理了国内外关于经济增长质量内涵、测度方法及评价、产业结构变迁对经济增长质量影响的相关文献。通过对文献的梳理和研究，本书得出以下三点结论：第一，大多数学者是从经济增长的方式、过程与结果来定义经济增长质量的内涵，但没有达成共识性的定义，也没有考虑增长过程中的语境变化。第二，现有文献对经济增长质量的研究多采用因子分析、主成分分析等传统方法，这与中国经济增长质量评价的问题特征并不十分匹配。第三，产业结构对经济增长质量的影响研究较少，大多数采用基于大样本的传统回归方法，与中国经济数据的小样本特征不符，缺乏从产业结构调整的视角来提高经济增长质量的路径思考。

1.3.1.2 指数分析法

在明确狭义视角下的经济增长质量即为经济增长效率的前提下，本书采用基于数据包络分析的曼奎斯特指数法对我国狭义视角下的经济增长质量状况进行了测度及分析；在对广义视角下的经济增长质量进行理论分析的基础上，本书从经济增长质量的理论内涵出发构建出由六个维度共 24 个基础指标构成的经济增长质量评价指标体系，采用基于软集合参数约简的集成评价方法来消除冗余指标及确定各约简指标的权重，从而获得广义的经济增长质量评价指数。

1.3.1.3 机器学习法

为探究产业结构与经济增长质量之间的关系，一般需通过较长的时间序列数据进行量化分析，才能保证结论的客观性。但在经济增长质量测算中，部分指标可获取的统计数据样本量较小，基于这一理由，本书采用适合小样本数据分析的机器学习法——支持向量机回归模型测算分析了我国产业结构变迁对经济增长质量的影响。

1.3.1.4 比较分析法

在理论方面，本书运用比较分析方法阐释了经济增长数量与经济增长质量之间的联系与区别；在实践方面，通过定性与定量相结合，本书比较了我国经济增长的数量与质量，并分析了我国经济增长数量与质量不一致的主要原因。

针对相关模型的数值实现，本书主要采用了三种数据分析软件，即 DEAP 2.1 软件、Rosetta 软件、MATLAB 软件，具体如下：

①DEAP 2.1 软件

DEAP 2.1 软件是由澳大利亚新英格兰大学效率和生产力分析中心 Tim Coelli 教授开发的一款利用数据包络技术来测算效率的免费软件。该软件内嵌了各种数据包络分析模型，其中包括基于数据包络分析的曼奎斯特指数模型。本书利用 DEAP 2.1 软件来测算衡量狭义经济增长质量状况的曼奎斯特指数。

②Rosetta 软件

Rosetta 软件是由挪威科技大学计算机与信息科学系和波兰华沙大学数学研究所合作开发的一款基于粗糙集的表格逻辑数据分析工具。它提供了数据补齐、离散化等数据预处理功能以及属性约简、规则提取等功能。由于粗糙集是软集合的一种特殊情形，二者的主要差别在于软集合参数约简比粗糙集属性约简范围更广。在做适当处理后，本书利用 Rosetta 软件来进行软集合的数据离散化、分类与参数约简。

③MATLAB 软件

MATLAB 软件是矩阵实验室（Matrix Laboratory）的简称，是美国 MathWorks 公司于 1982 年推出的一套高性能数值计算软件，可用于数值分析、系统建模和仿真、算法设计及实现等。在添加 LS-SVM 工具箱之后，本书利用 MATLAB 软件（R2010a 版）对 LS-SVR 模型进行算法实现。

1.3.2 数据来源及说明

1.3.2.1 研究时段选取

本书以 1990 年为研究的时间起点，研究时间区间为 1990—2014 年共 25 年。以 1990 年作为研究起点，是基于以下两点考虑：其一，虽然 1978 年我国已经拉开改革大幕，经济体制从过去高度集中的计划经济逐渐转变为计划经济与市场经济并存的双轨制经济，但在 1990 年之前，计划经济色彩仍然比较浓重，它在国民经济中仍占据绝对优势。在此期间由于双轨经济中市场经济较弱，各种“经济寻租”层出不穷，经济运行比较混乱，经济增长大起大落，经济增长质量的表现无法得到客观反映。在 1990 年之后，具体来说，在 1992 年的党的十四大及邓小平南方谈话之后，我国社会主义市场经济体制才得以最终确立，经济开始有秩序地运行，并进入高速发展期。而本书正是要探讨在社会主义市场经济条件下我国经济增长质量的变化轨迹，以正确反映我国经济体制改革以来的经济发展成就。因此，以 1990 年为起点，能最大限度地减少评价结果的失真并保证其内在一致性。其二，由于中国现代意义上的经济增长期很短，改革开放以来一直到现在才历经短短四十几年，因此，相关的宏观经济统计数据较少而且早期统计手段不完善、统计口径不一致，加之考虑的指标种类偏少，其中存在着大量的缺失数据，若对过多的缺失数据进行补齐处理则会或多或少地改变原始数据的信息特征。以 1990 年为研究起始期可以最大限度地保持数据的完整性和统计口径上的一致性。

1.3.2.2　数据来源

狭义经济增长质量的测度指标数据（1990—2008 年）来源于《新中国六十年统计资料汇编》，2009—2014 年的数据来源于历年《中国统计年鉴》；广义经济增长质量的测度指标数据除了金融结构和国际收支结构的数据来源于世界银行 WDI 数据库之外，其他指标的数据均来源于国内的历年《中国统计年鉴》《中国环境状况公报》《全国科技经费投入统计公报》，衡量产业结构变迁的指标数据全部来源于历年的《中国统计年鉴》，所有指标的原始数据均能够从相应的官方网站上免费下载。在计算过程中的个别缺失数据，通过平均增长率法补齐。

1.4　主要创新点

本书利用软集合研究了广义经济增长质量的评价指标，利用支持向量机研究了产业结构变迁对经济增长质量影响的问题，软集合与支持向量机是近年来国际上比较流行的小样本数据分析方法，将之作为经济增长质量相关问题的评价分析手段具有一定的创新性，主要归纳为以下三个方面：

第一，构建并测算了广义视角下的中国经济增长质量指数。通过界定新常态下广义经济增长质量的概念内涵，本书建立了相应的多维度、多指标评价体系。针对评价问题的小样本数据特征，采用软集合的参数约简对经济增长质量指标体系进行优化，将影响经济增长质量的主要因素提取出来，进而利用软集合的参数重要度对每个约简后的指标进行客观赋权，从而获得中国经济增长质量的综合评价指数，并对增长过程中质量与数量的不一致进行了量化分析。

第二，建立及优化了产业结构变迁度量指标体系。本书以产值结构、就业结构、产业发展、产业结构合理化与产业结构高级化五个方面来衡量产业结构的变迁程度，以产业结构各具体指标作为条件参数，以狭义及广义下的经济增长质量指数作为决策参数，建立软集合模型，进而利用软集合的参数约简获得对经济增长质量起主要作用的产业结构核心指标，从而完成了对产业结构衡量指标体系的优化。

第三，构建了关于产业结构变迁对经济增长质量影响的最小二乘支持向量机回归模型。不同于传统的计量方式，本书针对问题特征（小样本）选取支持向量机方法建立产业结构变迁与经济增长质量之间的非线性模型。利用经软集合优化后的产业结构指标即第二产值比重、第一产值增长率、衡量产业结构合理化的泰尔系数、衡量产业结构高级化的第三产值与第二产值之比作为自变量，狭义及广义经济增长质量指数作为因变量，建立最小二乘支持向量机回归模型；然后根据测试集和训练集，使用直接搜索法对支持向量机参数进行优化，获得产业结构对经济增长质量影响的具体关系模型。通过分析模型中自变量改变所引起的因变量变化，来测量产业结构变化对经济增长质量的影响程度，并得出一系列有价值的结论，为我国的产业结构优化能够促进经济增长质量提升提供理论与实证依据。

2 相关基础理论与文献综述

2.1 经济增长质量研究综述

2.1.1 经济增长质量内涵的界定

关于经济增长质量的定义，有许多不同的解释，迄今为止并没有完全达成一致。由于人类社会一直处在不断变化的动态发展之中，这一范畴成为一个动态的概念。学术界对经济增长质量概念的理解可大致划分为两种观点：一种是从狭义角度来定义经济增长质量，将经济增长质量单纯理解为经济增长效率；另一种是从广义角度来界定经济增长质量，把经济增长质量当作经济增长数量的重要补充，这属于规范性范畴，具有非常丰富的内涵。

狭义的经济增长质量是指资源要素的投入比例、经济增长的效果及经济增长效率。主要存在两类观点：一类是以经济的各种投入产出效率来衡量经济增长质量，包括劳动生产率、资本生产率和全要素生产率。如卡马耶夫（1983）认为经济增长不仅仅是数量问题，更重要的是质量问题，并在政治经济学的范畴内将经济增长质量定义为在发达社会主义条件下、在社会总产品的扩大再生产过程中，所利用的资源规模及其使用效率的变化。武义青（1995）指出："一个国家或地区经济的增长，既包括数量（速度、规模）的扩大也应包含经济系统素质的改善，后者称为经济增长的质量，并以投入要素的产出效率（生产率）来衡量。质量较高的经济增长，表现在以同样的投入量（消耗或占用）获得较多的产出量，或以较少的投入量（消耗或占用）取得同样的产出量。"王积业（2000）认为经济增长是生产要素积累与资源利用的改进或要素生产效率增加协同作用的结果。所谓生产要素积累，对应着经济增长的数量扩张；所谓资源利用的改进与要素生产效率的增加，对应着经济增长的质量提高。因此，经济增长质量的提高意味着要素利用效率的改进。若经济增长主要倚重要素投入增加，则称之为粗放型增长；若经济增长主要倚重要素利用效率的改进，则称之为集约型增长。刘亚建（2002）认为经济增长速度体现的是经济增长的数量变动，而经济增长质量则可理解为经济增长效率的同义语，反映的是经济增长的效率改进。等量投入下产出越高，意味着经济增长质量越高。他认为，低质量的经济高速增长不如高质量的经济中速增长。洪银兴（2010）从投入产出角度来定义经济增长质量。从产出角度看，增长质量的高低表现为单位经济增长率所含有的剩余产品数量；从投入角度看，增长质量表现为单位经济增长率中投入的资金、物资数量，生产要素的组合质量，生产要素的效率质量，提高生产要素再配置的质量。另一类观点则是将狭义经济增长质量单一理解为全要素生产率。如丹尼森（1985）将经济增长因素分为三类：劳动投入量、资本投入量和全要素生产率，并将全要素生产率视为经济增长质量的度量指标。具体包括：知识进步、资源配置改善与规模经济。钞小静和任保平（2008）认为经济增长质量牵涉到经济增长的后果与前景，质量型经济增长是指主要依赖技术进步、资源配置效率以及要素利用效率提高等实现的一种经济增长模式。经济增长质量水平的提高不是依靠要素投入的数量增加，而主要依靠技术进步即通过提高全要素生产率来实现。高新才和李俊衡（2011）、郭峰等（2013）、楚尔鸣和马永军（2014）都将全要素生产率视为经济增长质量的同义语。

由以上观点可以看出，狭义层面上经济增长质量的核心内涵在于要素资源的利用效率，主要是指全要素生产率，体现的是经济增长方式的改变，即从粗放型向集约型的转变。

从广义上看，相对于经济增长数量，经济增长质量是一个更宽泛的概念，需要从多个维度进行综合考量。不同的学者基于对其内涵理解的不同，对经济增长质量的概念有不同的阐释，并没有达成一个共识性的定义。主要可分为两种视角：

一种是从经济、社会与环境的品质优劣来界定。如郭克莎（1996）认为经济增长质量主要体现在全要素生产率的增长率及贡献率、产品与服务质量、通货膨胀率、环境污染程度上。Dasgupta（2000）认为测度经济增长结果最常用的两个指标 GNP（国民生产总值）以及联合国开发计划署的人类发展指数 HGI 很难测度经济增长的质量，应以人均财富来评价经济增长质量。其中人均财富不仅包括普通的物质资本，还包括人力资本以及自然资本。巴罗（Barro，2002）认为经济增长质量是一个很宽泛的概念，包括与经济增长紧密相关的社会、政治及宗教等方面的因素，具体包含受教育水平、预期寿命、健康状况、法律与社会秩序发展程度以及收入分配等。彭德芬（2002）认为经济增长质量是指一个国家伴随着经济数量扩张在经济、社会与环境诸多方面中体现出来的优劣程度。相应地，经济增长质量包括经济运行质量、居民生活质量、生存环境质量。戴武堂（2003）把经济效益、劳动生产率、就业率、居民消费水平与质量、收入差距合理化程度等因素作为经济增长质量的主要影响因素。王玉梅和胡宝光（2004）指出对经济增长质量内涵的阐释应从经济增长的持续稳定性、经济增长效率、经济结构优化、产品质量、资源环境状况、人民生活水平六个方面展开。Prohnitchi 等（2006）指出，定义经济增长质量比定义经济增长数量要复杂得多，对经济社会现象的质量方面往往很难用数量的方式表达，他将经济增长质量分解为五个层面：人类发展、社会凝聚力、环境可持续性、经济可持续性和经济结构合理性。刘海英和张纯洪（2006）认为中国经济增长质量内涵需要凸显经济系统的投入产出效率、经济增长成本、资源消耗和环境保护等诸多方面。马建新（2007）认为经济增长质量是一个经济体在其经济效益、经济潜力、增长方式、社会效益及环境等诸多层面体现出的与数量扩张方面的一致性、协调性，经济增长质量内涵应充分体现经济系统发展水平、效益、增长潜能、稳定性、环境质量成本、竞争能力及人民生活等各个方面。李俊霖（2007）认为经济增长质量是增长过程中表现出的国民经济的优劣品质，具体内涵包括经济增长的有效性、稳定性、协调性、分享性、创新性与持续性。洛佩兹（López，2008）将经济增长质量的内涵界定为：减少极端贫困、缩小结构性不平等、环境保护和可持续增长。李变花（2008）认为经济增长质量是从社会再生产的角度对一定时期内国民经济总体状况及其发展特性所做的综合评价，并综合反映经济增长的优劣程度，其内涵包括要素生产率的提高、依靠技术进步与人力资本、经济结构不断优化等。任保平（2012）指出经济增长质量不仅取决于最优增长路径的选择，还取决于经济增长最佳社会效益的实现以及经济增长系统耦合机制的建立，并认为增长质量是经济数量增长达到一定阶段背景下的产物；经济增长的效率提高、结构优化、稳定性提升、福利分配改善、创新能力增强，使经济增长能够长期持续，数量型增长反映出的是增长速度，质量型增长反映出的是增长的优劣品质。玛尼什（Manish，2013）为研究印度的市场化改革对经济增长质量的影响，以三种代表性产品（电话、电视和手表）市场的质量状况作为衡量经济增长质量的标准。廖筠和赵真真（2015）提出经济增长质量内涵包括经济发展状况、经济发展潜力、人民生活水平和环境保护质量四个方面。

另一种是从经济增长的方式、过程与结果来界定。如肖红叶和李腊生

(1998）认为经济增长质量不仅应包含经济方面的内容，还需凸显社会和谐与环境改善等诸多因素，高质量的经济增长应该具备四个基本特征：增长方式属于集约型增长，增长过程表现出稳定性、协调性和持续性，增长结果带来经济与社会效益的显著提高，经济增长潜能得以不断增强。钟学义等（2001）构建了经济增长质量的衡量指标体系，并将指标分为三类：反映增长效率的指标（具体包括投入产出比、劳动生产率、资本产出率、TFP 增长率、物耗指标及能耗指标等），反映增长是否健康稳定的指标（具体包括经济波动状况、通货膨胀程度、就业状况和环境污染指标等），反映经济结构变动的指标（具体包括产业结构、贸易结构、就业结构与地区经济结构）。Xia 等（2011）提出的质量型增长概念被 APEC 所采纳，包括五大支柱：平衡性增长、包容性增长、可持续性增长、创新性增长、稳定性增长。随洪光（2013）将高质量的经济增长视为在高效率模式下稳定、持续的增长，随之经济增长质量可理解为增长的效率、稳定性与可持续性。张继海和李发毅（2014）通过挖掘质量内涵，将经济增长质量分解为四个维度：增长过程中的可靠性和稳定性、经济结构的优化与升级即经济增长的可持续性、经济增长效率、经济增长结果。阿格列塔（Aglietta，2015）指出质量型增长的两大方向为包容性和可持续性，将包容性定义为社会福利的改善和收入差距的缩小，尤其是社会弱势群体对公共卫生、基本教育、环境商品等初级产品的可获得性增强；将可持续性定义为实际财富中的净投资占比不断上升，并给出测度包容性财富和可持续发展条件的计算公式。

由于研究者对经济增长质量的理解各不相同，造成对经济增长质量内涵的界定无法予以确定。对现有文献中广义经济增长质量的概念提取其共性，归纳起来主要包括以下两点：第一，经济增长质量属于规范性概念范畴，包含经济增长的方式、过程与结果，其内涵牵涉到经济、社会和环境三个方面。第二，从经济增长的方式来看，经济增长质量是指经济增长的投入产出效率；从经济增长的过程来看，经济增长质量是指经济结构的优化及经济系统运行的稳定性；从经济增长的结果来看，经济增长质量是指社会福利分配的变化情况及资源环境的代价。除此之外，科技进步、社会凝聚力、竞争能力等也被当作经济增长质量的内容。

2.1.2 经济增长质量评价方法的述评

评价经济增长质量建立在对其内涵理解的基础上，狭义层面上的经济增长质量被视为全要素生产率，对经济增长质量的评价即是对全要素生产率的量化测算。全要素生产率的测算方法可大致分为两类：参数方法和非参数方法。参数方法包括索洛余值法、扩展索洛余值法、随机前沿生产函数法；非参数方法包括指数法、数据包络分析法。因此，一种是以全要素生产率测算的参数方法来测度经济增长质量（叶裕民，2002；郭庆旺 等，2005；俞安军 等，2007；钞小静 等，2008；李兵 等，2009；汪克亮 等，2012）；另一种是以全要素生产率测算的非参数方法来测度经济增长质量（颜鹏飞 等，2004；郑京海 等，2005；康梅，2006；章祥荪 等，2008；全炯振，2009；江春 等，2010；邹心勇 等，2013；张少华 等，2014；茹少峰，2014）。

以全要素生产率来度量经济增长质量存在着若干局限性。易纲等（2003）认为由于发达国家与新兴经济体存在着技术进步机制的不同及投资方向的差异，适合测算发达国家的全要素生产率测算方法并不适用于新兴经济体，会导致测算结果偏低。郑玉歆（2007）指出这些全要素生产率测算方法使全要素生产率难以全面反映生产要素的经济效果，尤其是固定资产投资的长期经济效果，且不能全面反映资源配置状况，同时也往往低估资本积累的重要性。

从广义视角来看，经济增长质量的内涵较为丰富，一般采用多维度的分析框架来评估。具体来说，应构建一个评价指标体系进行集成评价。现存文献主要采用的经济增长质量指标合成方法有：相对指数法（赵英才 等，2006；李俊霖，2007；Mlachila et al.，2014）、层次分析法（王君磊 等，2007；王跃 等，2010；李荣富 等，2014）、熵值法（单薇，2003；宋利格 等，2006；刘小瑜 等，2014）、因子分析法（刘海英 等，2006；马建新 等，2007；严红梅，2008；吕晓峰，2012）和主成分分析法（钞小静 等，2008；李俊霖 等，2009；钞小静 等，2011；毛其淋，2012；宋斌，2013；李俊江 等，2016）。

2.1.2.1 相对指数法

相对指数法的原理是将一系列指标转变为可比的指数形式，然后进行简单加总或加权加总来评价的一种统计学方法。若采用的是简单算术平均值则意味着各个指标是等权重的，此假定一来未考虑各个指标之间可能存在的高度相关性，二来也主观认定各具体指标在经济增长质量中的作用是同等重要且恒定不变的。采用加权算术平均数也会遇到这种权重结构问题。相对指数法的优势在于对样本容量和指标数目没有要求，其缺点是无法反映部分指标之间的高度相关性，无法进行指标约简，且权重的获得凭借的是主观经验。

2.1.2.2 层次分析法

层次分析法是运用多因素分层处理确定每个因素权重的方法，研究者通过构造判断矩阵获得对各指标相对重要程度的认识，进而对权重赋值；因而权重在很大程度上依赖于人们的主观经验，它往往只能排除思维过程中的严重非一致性，却无法排除单个决策者可能存在的严重片面性。此外，这种方法要求的定量数据少，定性成分多，是一种定性与定量结合的评价方法，其判断过程比较粗糙，不适用于精度要求较高的问题；尤其是当指标偏多时，由于判断矩阵规模庞大，导致计算量成倍增加，甚至可能无法通过一致性检验，致使权重无法确定。

2.1.2.3 熵值法

熵值法是借用信息熵的概念来描述各个指标值的变异程度，从而确定各指标权重。它属于客观赋权方法，避免了人为因素带来的偏差，但同时忽略了指标本身的重要程度，可能会导致确定的指标权重与预期结果相去甚远，同时它不能很好地反映相关指标之间的关系，无法进行指标约简。

2.1.2.4 因子分析法

因子分析法是利用降维的思想，在尽可能保留原始数据信息的前提下，将原始变量分解为公共因子和特殊因子两部分，从而实现对统计数据的简化处理。因子分析法的优点在于能够进行指标约简，避免指标之间的高度相关性，而且属于客观赋权。其不足之处一是当样本较小时误差较大甚至有可能无法通过统计检验；二是无法准确描述各个维度指标的具体变化情况，只能获得公共因子的变动趋势，而且公共因子的经济含义不明显，经济解释能力较差。

2.1.2.5 主成分分析法

主成分分析法和因子分析法一样，也是利用降维的思想，在信息损失很少的前提下，将多个相关性指标约简为少数几个综合指标。与因子分析法中的因子不同，主成分分析法中的主成分是各个原始变量的线性组合。主成分分析法的优点在于一是能够进行指标约简，降低指标维数；二是权重的获得是根据数据自身特征而非研究者的主观判断；三是能获取构成经济增长质量各个维度指标的量化结果，所形成的权重结构可以充分说明经济增长质量各维度、各具体指标对于形成总指数的贡献率，经济解释能力较强。

主成分分析法与因子分析法一样，都属于多元线性回归方法，是经济增长质量评价问题中的常用方法，然而在中国经济增长质量评价的具体实践中却受到一些限制，主要有以下三点：其一，中国经济增长质量评价指标体系中指标之间普遍存在着多重相关性，这会严重影响多元线性回归模型的参数估计，扩大模型误差，破坏模型的稳健性；其二，多元线性回归方法对样本容量要求较高，为保证良好的统计有效性，一般要求样本量 $n \geqslant 30$，这与中国经济增长质量评价问题中数据的小样本特征不匹配；其三，若评价指标个数较多，则为了保证统计有效性，不得不筛选掉一些具有较大解释作用的指标，造成信息损失，模型精度与评价效果变差。

2.1.3 中国经济增长质量的测度

关于中国经济增长质量的测度，依据经济增长质量内涵的狭义与广义划分而对应着两种思路，测算全要素生产率与构建经济增长质量综合评价指数。以狭义效率角度来理解经济增长质量的学者一般采用全要素生产率作为经济增长质量的估值，而全要素生产率的提高往往被主要归结于技术进步。郭庆旺和贾俊雪（2005）在分析比较了全要素生产率四种估算方法的基础上估算了中国1979—2004年的全要素生产率增长率。结果表明：在1993年之前，我国全要素生产率增长率呈现出涨跌参半的波动且波动比较频繁剧烈；1993年之后，则呈现逐年下降的趋势，直至2000年才得以缓解，之后便呈现出持续上升势头。王志刚等（2006）选用超越对数生产函数的随机前沿模型对改革开放以来中国的地区间生产效率演进进行了研究，结果表明全要素生产率增长率主要由技术进步率决定，且从20世纪90年代中期以后有所下降。对全要素生产率的分解结果表明，对全要素生产率增长起主要贡献的是技术进步而非生产效率的改进。钞小静和任保平（2008）通过全要素生产率的贡献度对改革开放以来我国的经济增长质量进行衡量，基于索洛模型研究得出经济转型与增长质量之间存在着正向相关关系，经济转型一定程度上推动了增长质量水平的提升。章祥荪和贵斌威（2008）利用曼奎斯特指数法对我国1979—2005年的全要素生产率变动及其分解进行了分析，发现我国全要素生产率提高的主要原因是技术效率与技术进步，但在1997年之后，由于技术效率下降，全要素生产率也出现了下降的趋势。同时，由于各地区之间技术差距的拉大，全要素生产率的驱同效应没有出现。陶长琪和齐亚伟（2010）结合逼近理想解排序（TOPSIS）思想与曼奎斯特指数测算了1987—2007年中国28个省份的全要素生产率的变动趋势，结果显示全要素生产率、纯技术效率和技术进步大致上都呈现先增长后下降的趋势，将全要素生产率分解为技术效率与技术进步，可知技术效率的恶化是导致全要素生产率下滑的主要原因。江春等（2010）使用基于数据包络分析的曼奎斯特指数法测算了中国2001—2008年的全要素生产率，结果显示2001年之后我国全要素生产率有较为明显的下降趋势，这说明那些年我国的经济增长主要依赖于要素投入的增加，而不是效率的改善。张健华和王鹏（2012）基于随机前沿模型考察了我国的全要素生产率，研究发现资本投入对我国经济增长的贡献最大，同时全要素生产率也起着重要作用；并进一步发现技术进步对全要素生产率贡献最大，技术效率增长对全要素生产率的贡献趋于下降，而规模效率则严重制约了全要素生产率的增长。魏宏耀（2013）以1979—2010年为时间段，采用柯布-道格拉斯（Cobb-Douglas，C-D）生产函数和索洛余值法研究了我国的全要素生产率。结果表明，我国全要素生产率增长率较低，经济增长主要靠投资驱动，技术进步、制度变革的贡献程度低。茹少峰（2014）认为不能仅以全要素生产率测算中的多投入单产出情形来刻画经济增长质量，而应该考虑多投入多产出的指标体系。在对经济增长质量的具体测度方法上选用了考虑非期望产出的包络分析方法，并采用全域曼奎斯特-龙贝格指数（global malmquist-luenberger，GML）指数对中国在2000—2012年的经济增长质量状况进行测度；结果显示中国经济增长质量与数量的增长速度不匹配，质量增速滞后于数量增速，但二者间的差距在逐渐缩小。将GML指数分解为纯技术进步、纯技术效率、规模效率以及技术进步的规模效应四个部分，对经济增长质量贡献最大的为技术进步的规模效应，其次为纯技术进步，而纯技术效率与规模效率则具有一定的阻滞作用。

上述在狭义经济增长质量测度方面的代表性成果如表2.1所示。

表2.1 狭义经济增长质量评价的代表性成果

研究者	研究方法	时间区间	研究结论
郭庆旺，贾俊雪（2005）	索洛余值法	1979—2004年	全要素生产率增长率及其对经济增长的贡献率较低，主要原因在于技术进步率偏低、技术效率低、生产能力利用不充分等
王志刚等（2006）	随机前沿分析法	1978—2003年	全要素生产率主要由技术进步率决定，人力资本对效率提高所起的作用最大
钞小静，任保平（2008）	索洛余值法	1979—2004年	全要素生产率对经济增长的贡献相当大，以市场化率、工业化率和城市化率度量的经济转型与全要素生产率正相关
章祥荪，贵斌威（2008）	基于数据包络分析的曼奎斯特指数法	1979—2005年	全要素生产率进步主要得益于技术进步与技术效率改进，而规模效率递减对其有不利影响
陶长琪，齐亚伟（2010）	基于数据包络分析的曼奎斯特指数法	1987—2007年	全要素生产率、技术进步与纯技术进步率大致都呈现出先升后降趋势，技术效率的恶化是导致全要素生产率下降的主要原因

表2.1(续)

研究者	研究方法	时间区间	研究结论
江春等（2010）	基于数据包络分析的曼奎斯特指数法	2001—2008年	中国的经济增长几乎完全依赖要素投入的增加，同期资本产出比率的迅速上升造成了全要素生产率持续下降
张健华，王鹏（2012）	随机前沿分析法	1979—2010年	全要素生产率对我国经济增长的贡献较大，仅次于资本投入，近年来全要素生产率及贡献率呈下降趋势
魏宏耀（2013）	索洛余值法	1979—2010年	经济增长主要靠投资驱动，包含技术进步、制度变革等因素的全要素生产率的贡献小
茹少峰（2014）	全域曼奎斯特-龙贝格指数法	2000—2012年	经济增长质量与数量相互背离，对效率影响最大的是技术进步的规模效应，纯技术效率与规模效率偏低阻碍了效率的提升

若要从广义视角来理解经济增长质量，则对经济增长质量的测度需要通过建立一个综合评价指标体系来实现。具体分为两个步骤进行：首先根据经济增长质量内涵建立相应的评价指标体系，其次采用多指标合成方法对各指标进行集成以获得经济增长质量综合评价指数。赵英才等（2006）将高质量的经济增长定义为数量扩张与质量提高的统一，研究发现，经济转轨以来，在中国经济增长规模总量迅猛增长时经济增长质量并没有出现同步提升，质量提高与数量扩张存在不一致现象，中国经济的高速增长是以数量扩张为主的粗放型低质量增长。王君磊等（2007）认为经济增长质量内涵体现在增长方式、增长过程、增长结果及增长潜力四个维度上，并由此构建指标体系，利用层次分析法对影响经济增长质量的四个维度进行评价。结果表明我国的经济增长质量状况与高质量增长还存在一定差距，尤其是在增长结果和增长潜能方面有待提升。马建新和申世军（2007）认为经济发展需从数量增长与质量提高两个方面衡量，我国经济发展的主要问题在于经济增长质量，通过构建评价指标体系，并采用因子分析法对20世纪90年代以来中国经济增长质量情况进行了评价，提出这些年中国经济增长的数量扩张和质量提高存在显著的不一致态势。钞小静和任保平（2011）从经济增长的结构、稳定性、福利变化与成果分配、资源利用与生态环境代价四个维度构建指标体系，利用主成分分析法研究了中国经济转轨以来增长质量在时间上（各年份）以及在空间上（各地区）的变化趋势，发现经济增长质量在总体层面上有一定程度的提高，但是地区差异明显。宋斌（2013）从包容性增长的视角出发，构建了一个包含经济成果创造与经

济成果共享两个维度共20个具体指标的指标体系，采用主成分分析法测度了中国在2001—2011年的经济增长质量。结果表明我国近年来经济增长质量整体得到显著改善，且这种改善更大程度上应归功于经济成果共享方面的改善。Mlachila等（2014）在国际货币基金组织工作论文中指出高质量的增长应该是高速、持续和社会友好型增长，并将增长质量分解为增长基本面和社会效应两个维度。增长基本面又进一步分为增长速度、经济波动性、产业结构和需求结构四部分，社会效应则由健康水平和受教育程度来度量，由此建立了量化评价经济增长质量的指数QGI（quality of growth index），并利用等权重法测算了93个发展中国家在1990—2011年的经济增长质量状况。结论表明，中国在2005—2011年的经济增长质量指数平均值为0.842，排名第二，紧随保加利亚的0.843。刘小瑜和汪淑梅（2014）认为经济增长质量可从有效性、协调性、稳定性、可持续性和福利性这五个方面进行衡量，采用熵值法对我国1990—2012年的经济增长质量进行评价。结果表明我国经济增长质量水平呈现波动中上升的趋势，经济增长的有效性和福利性得到较大的改善，但协调性、稳定性和可持续性表现不理想，经济增长质量与增长数量存在着不一致的现象。李俊江和彭越（2016）将经济增长质量分为增长效率、公平与稳定、可持续三个方面，将每个方面又分为若干个具体指标，利用主成分分析法对中国与印度在1978—2012年的经济增长质量状况进行了比较研究。结果显示：中国在效率、公平与稳定、可持续性三个方面都优于印度，尤其是在效率提升的速度方面要明显高于印度，但中国经济增长质量也凸显出一些问题，尤其是经济增长的可持续性有待加强。

上述在广义经济增长质量测度方面的代表性成果如表2.2所示。

表2.2　广义经济增长质量评价的代表性成果

研究者	指标体系	数据分析方法	时间区间	研究结论
赵英才等（2006）	全要素生产率指数、单位总产出成本率指数、产品合格率指数、经济波动率指数、环境质量成本指数等17个指标	相对指数法	1978—2002年	转轨以来中国经济增长质量在逐年改善，但中国经济规模总量扩张并没有引起增长质量的同步提升
Mlachila等（2014）	人均GDP、人均GDP的变异系数、净出口占GDP比重、平均预期寿命等6个指标	相对指数法	1990—2011年	2005—2011年中国的经济增长质量指数平均值在所有发展中国家中居于第二

表2.2(续)

研究者	指标体系	数据分析方法	时间区间	研究结论
王君磊等(2007)	生产率增长率指数、产业协调度、经济增长波动指数、能源消耗系数、R&D（研究开发）投入比重等 21 个指标	层次分析法	2007 年	经济增长质量较好，但与高质量增长还存在一定差距
刘小瑜和汪淑梅(2014)	劳动生产率、二元对比系数、投资消费比、城乡人均收入比、每千人口医疗床位数等 27 个指标	熵值法	1990—2012 年	经济增长质量水平在波动中提高，经济增长质量与增长数量存在着不一致性
马建新和申世军(2007)	人均 GDP 指数、财政收入增长指数、全社会劳动生产率、第二三产业产值占 GDP 比重等 15 个指标	因子分析法	1990—2005 年	中国经济增长的质量提高与数量扩张存在较为明显的不同步现象
钞小静和任保平(2011)	经济增长的结构、稳定性、福利变化与成果分配、资源利用与生态环境代价 4 个维度下共 28 个指标	主成分分析法	1978—2007 年	总体上中国经济增长质量有所改善，但是各地区之间差异明显
宋斌(2013)	人均实际 GDP、第三产值比重、城乡收入比、每万人拥有卫生技术人员数、人均公园绿地面积等 20 个指标	主成分分析法	2001—2011 年	近年来经济增长质量整体上得到显著改善，但区域差距仍然较大
李俊江和彭越(2016)	全要素生产率、通货膨胀率、基尼系数、广义货币增长率、人均能源消耗量等 20 个指标	主成分分析法	1978—2012 年	中国经济增长质量在增长效率、公平与稳定、可持续性三个方面均优于印度，但经济增长的持续性不强

通过对现有经济增长质量相关研究文献的梳理不难发现，对经济增长质量问题的研究往往聚焦于两个层面：界定经济增长质量内涵与选用合适的评价方法。首先，经济增长质量属于规范性的价值判断，以单纯效率观点来理解经济增长质量显然有失偏颇，因此对经济增长质量应从更广义的角度进行界定。现有从广义上来界定经济增长质量内涵的研究并没有就经济增长质量的概念达成一致，往往把除增长数量以外的各种因素都纳入增长质量的范围，使得经济增

长质量外延过于宽泛，外延的不明确造成指标选择上的随意性，这不仅导致经济增长质量难以测算，而且对相同研究对象的测度结果往往存在较大的偏差。其次，已有研究一般采用传统的指标合成方法来对经济增长质量进行综合评价，这与中国经济增长质量评价样本数据小、指标多且指标之间存在高度相关性的问题特征不完全契合。因此，正确评价中国经济增长质量，一是要以新经济增长理论为依据，结合质量的概念及增长过程中的新语境，对经济增长质量内涵进行科学的界定；二是要发展新的多指标合成技术以与中国经济增长质量评价的问题特征相匹配。

2.2 经济增长质量相关理论渊源

西方经济学者很早就注意到经济增长的质量问题，为此开展了一系列的相关研究。本节简要回顾了西方经济增长理论中经济增长质量有关理论的渊源及演化。根据主要经济增长流派的不同，经济增长质量相关理论演变大致分为五个阶段。

2.2.1 古典经济增长理论中的经济增长质量相关理论

对经济增长质量问题研究的理论渊源可以追溯到英国古典经济学时期，经济学鼻祖亚当·斯密的标志性著作《国民财富的性质和原因的研究》的核心问题就是探究国民财富的增加，即经济增长。斯密在这本书中较为系统地论述了经济增长理论。他认为，经济增长取决于三个主要因素，这三个主要因素分别是劳动分工、资本积累与市场规模扩大。除此之外，他还注意到技术进步和对外贸易等因素对经济增长的重要影响。在技术进步层面，即使在要素投入保持不变的前提下，技术进步也可以促使资源合理配置，从而提高要素生产效率，提升产出水平。在对外贸易层面，对外贸易既有利于国际分工，又有利于让剩余产品实现价值，从而不仅可以促进商品生产，也可以增进消费者利益。在经济制度方面，斯密注意到提倡重商主义的经济政策与不良政治制度对英国产业发展具有阻滞作用，将社会经济制度环境纳入经济增长的影响因素。综上可知，斯密对经济增长动因的分析涉及经济增长质量的主要影响因素，其观点对现代经济增长理论的形成具有重大影响。

18 世纪中叶，古典经济学集大成者英国经济学家约翰·穆勒从收入分配的角度论述了国民收入不均对经济增长的消极影响。他指出，“总产量达到一定水平后，立法者和慈善家就无须再那么关心绝对产量的增加与否，此时最为重要的事情是，分享总产量的人数相对来说应该有所增加”，“如果人民大众从经济增长中得不到丝毫好处的话，则这种增长也就没有什么重要意义”。他认为，若经济增长的成果不能被大众分享，就违背了追求“最大多数人的最大幸福”的道德原则，这种增长便毫无意义，同时也违反伦理原则。因此，只有当经济发展成果由全体国民共享时，才是有意义、有质量的增长。

20世纪40年代，增长经济学家哈罗德和多马根据凯恩斯的就业理论和收入决定论，分别提出极为相似的长期经济增长模型，合称为“哈罗德-多马模型”。哈罗德-多马模型主要研究了产出增长率、储蓄率与资本产出比之间的相互关系，并引入自然增长率的概念，即人口增长与技术进步条件下的国民收入增长率，指出只有在实际增长率等于有保证的增长率且等于自然增长率的前提下，才能实现充分就业，保证经济的长期均衡增长，提高经济增长质量水平。但这种经济均衡只是一种“刃锋上的均衡”，是不稳定的，经济无法自行纠正实际增长率与有保证的增长率之间的偏离，同时还会累积产生更大的偏离。哈罗德-多马模型的另一个致命弱点是没有考虑技术进步、资本折旧、制度变迁等现实影响因素，因而既不稳定，也不现实。但单就物质资料的生产与再生产过程来看，它对分析社会主义经济增长过程、提高经济增长质量仍具有重要借鉴作用。

2.2.2 新古典经济增长理论中的经济增长质量相关理论

美国经济学家索洛是新古典经济增长理论的创建者之一。20世纪60至70年代，以索洛为代表的经济学家开创了经济增长要素分析法。索洛突破了古典经济增长理论中长期占据统治地位的“储蓄转化为投资是经济增长的决定性因素”的观点，首次提出“技术进步对经济增长具有重要贡献”的观点（Solow，1956），把技术进步单独列项，将之作为经济增长中最有意义、贡献最大的一个因素独立出来，并把劳动、投资与技术进步综合起来考察。他在1957年发表的论文中构建了相关模型，把技术进步引起的产出增长与人均资本引起的产出增长区分开来。实际上，技术进步引起的人均产出的增加即是经济增长中质量提高的部分。从某种程度上来说，技术进步对人均产出贡献程度越大，经济增长质量水平也越高。索洛（1957）利用自己的增长模型，对1909—1949年美国私营非农业企业的技术进步状况进行了测算。测算结果表明，这期间人均产出翻了一番，其中仅12.5%被归因于资本投入量的增加，87.5%未得到解释的部分被归因于技术进步，这一结论引起了人们对技术进步的广泛关注。

新古典经济增长模型中虽然引入了技术进步率，能够使资本积累过程收敛于经济增长，从而促使经济持续增长，避免哈罗德-多马模型的“刃锋上的均衡”，但是技术进步仅仅是经济模型中的一个外生变量，并且该理论未对技术进步的来源做出任何经济解释，既不能解释各国人均收入与经济增长率之间的巨大差异，也无法解释导致技术进步率变动的任何机制。尽管技术进步是外生变量，且致使技术进步的因素无法确定，但是对技术进步整体测算的研究仍构成了经济增长质量理论的研究主线，且对后来的研究给予了很大的启发。

2.2.3 新经济增长理论中的经济增长质量相关理论

由于新古典经济增长理论把经济增长归结为一个无法把握的事物——外生的技术变化，因而无法解释现代经济增长中的具体实践。阿罗（Arrow，1971）提出一个生产函数中的知识可以跨时与跨国溢出的内生知识变化的理论，这成为内生经济增长理论的思想源泉。在阿罗的“干中学”模型中有两个基本假设：其一，知识是投资的副产品，资本存量的提高会导致其知识存量的相应增加；其二，知识是一种公共产品，所有劳动力和固定资产在生产最终产品时效率都会有所提升，这就是知识的“外溢效应”。这一假设意味着阿罗从普通的以劳动与资本为自变量的柯布-道格拉斯生产函数中导出了规模收益递增的生产函数，随着投资和生产的进行，新知识将产生，并由此形成递增收益。这表明生产规模收益递增不是由要素投入增加导致的，而是由非要素投入所引起的效率提升带来的。换句话说，投入要素本身质量和要素组合质量的提高引起产出效率提高，这即是经济增长的质量部分。日本经济学家宇泽弘文（Uzawa，1965）在《世界经济评论》上发表《经济增长总量模型中的最优技术变化》一文，假定经济中存在一个独立的教育部门，专门生产人力资本，并用人力资本水平提高表示技术进步，从而将索洛模型中的外生技术变量“内生化”。基于此，宇泽弘文提出了重要的关于人力资本与经济增长质量的相关理论，以人力资本表征技术进步，认为技术进步本质上是劳动力生产要素素质提高的结果。作为劳动力质量提高的结果，人力资本对经济增长的贡献是经济增长质量提高的主要驱动因素之一。在人力资本促进经济增长质量提高的作用机制层面，美国经济学家舒尔茨（Schultz，1961）指出，人力资本产生的“知识效应”与“非知识效应”直接或间接促进了经济增长。罗默（Romer，1989）、格罗斯曼和赫普曼（Grossman & Helpman，1991）从技术进步内生化角度考虑，认为技术进步是经济长期增长的内生渊源，同时技术知识的增长源自单独的研究开发部门。通过对研发的不断投入，以及通过知识与人力资本积累的外溢效应所产生的外在经济影响，经济持续增长即可以实现。这类模型因此被称为以研发为基础的内生增长模型（R&D-based growth model）。

至此，经济增长质量的研究主要集中在经济增长中人力资本的内生化研究上。美国经济学家卢卡斯（Lucas）在1988年的研究中引入专业化人力资本生产的教育部门，提出了一个以人力资本的外在效应为核心的内生增长模式。卢卡斯强调，人力资本具有外部效应的递增收益使得其成为“增长的发动机”。因此，他提出人力资本投资是长期经济增长的源泉，并认为经济开放度的扩大有利于发展中国家吸收发达国家的新技术与人力资本，从而缩小与发达国家的收入差距。阿格赫恩和豪威特（Aghion & Howitt，1992）拓展了罗默与卢卡斯的内生增长理论，并吸纳了熊彼特的创造性破坏动态思想，认为竞争性厂商的“垂直产品创新”是经济增长的根本源泉。

新经济增长理论主要研究技术进步的内生化机制，将经济增长质量影响因素由外生给定变为内生不确定。人力资本、产品种类、产品质量等均是技术进步的内生化衡量指标，体现了经济增长过程中的经济效率，这些指标的数值变化实际上就反映了经济增长质量水平的变化。

2.2.4 发展经济学中的经济增长质量相关理论

一般来说，经济增长理论侧重于研究发达国家经济的长期发展，而发展经济学则是着力研究发展中国家经济的长期发展。发展经济学的思想渊源为结构主义经济增长理论，其核心观点是充分发挥政府干预职能，来进行经济结构的重大改进，从而实现工业化。而在工业化进程中，资本的稀缺是制约发展中国家经济增长的主要因素，因此，需要进行资本积累来加速发展。

20世纪50至60年代是发展经济学的兴起与快速发展时期，在这段时期内影响较大的发展经济学家及相关理论主要有：阿瑟·刘易斯的二元经济模型，揭示了发展中国家中普遍存在的二元经济结构；罗森斯坦·罗丹的“大推动理论”，提出应对国民经济的各个部门进行大规模投资，以促进所有部门的平衡增长；拉·纳克斯的贫困恶性循环理论，认为发展中国家之所以存在长期贫困现象，并非国内资源缺乏，而是因为供给与需求中资本形成的恶性循环；罗斯托的经济成长阶段理论，指出经济发展分为六个经济成长阶段，即传统社会阶段、为起飞创造前提阶段、起飞阶段、向成熟推进阶段、高额群众消费阶段与追求生活质量阶段。

发展经济学中蕴含很多经济增长质量思想，如转变发展模式或优化产业结构能够促进经济增长。结构主义者西蒙·S. 库兹涅茨（Simon S. Kuznets，1966）

在对现代经济增长的研究中提出将资源由农业向工业转移是经济结构转型成功的基本特征。多数经济学家都承认，经济发展就是经济结构的转型，经济结构转型升级能带动经济增长质量的提高。原因在于，劳动与资本从效率低的部门向效率高的部门转移，能够提高经济的投入产出效率，从而使经济增长加速（钱纳里，1989）。

虽然转变增长模式或优化经济结构在一定程度上能够提升经济增长质量水平，但是没有考虑到社会发展方面的问题，可能会导致有增长无发展的局面。基于此，印度经济学家阿玛蒂亚·森在20世纪80年代提出一种评价发展的新方法，根据他的思想，联合国开发计划署（UNDP，1990）提出了人类发展（human development）概念，并以预期寿命、教育水准与生活质量为变量，编制了人类发展指数（human development index，HDI）。

2.2.5 新制度经济学中的经济增长质量相关理论

经济增长理论的根本落脚点是探寻经济增长的最终源泉。无论是古典经济学的要素投入决定理论、新古典经济学的外生技术进步决定理论，还是新经济增长中的内生技术进步决定理论，抑或发展经济学的产业结构决定理论，都只重视资源配置的运行层面，而没有很好地探究经济增长的深层次源泉即制度因素。新制度经济学派的代表人物诺斯（1994a）曾指出："主流经济增长理论只论述了增长本身，并没有说明产生经济增长现象的动因，而技术变迁与制度变迁正是社会与经济演进的核心。"

诺斯（1994b）认为制度变迁是经济长期增长的决定性因素，而制度变迁的核心又在于产权的重新调整。诺斯的制度变迁理论有三大基石：产权理论、国家理论与意识形态理论。其中产权理论最为关键。有效率的产权使经济系统存在激励机制，这种机制的激励作用主要表现在以下三个方面：降低或减少费用；人们的预期收益得到保证；从整个社会来说，清晰界定的产权使得个人的投资收益充分接近于社会收益。而在制度安排上，由于国家的作用无法替代，因此，国家对产权的界定与保护负主要责任。

诺斯的制度变迁理论阐明了经济长期增长的最终源泉是制度变迁。此观点正确与否姑且不讨论，但无法否认的是，制度创新能够降低交易成本，减少交易摩擦，并且保证了人们的预期投资收益，为推动技术创新提供了制度激励机制，从而加速了技术进步，提高了整个经济的效率水平。尤其是对制度尚未健全的广大发展中国家，该理论具有重要的政策启示，制度创新能够源源不断地释放"制度红利"，促使经济增长质量水平得以提高。

2.3 产业结构与经济增长质量

2.3.1 产业结构的概念

产业结构，也称国民经济的部门结构，是指国民经济中各产业部门之间以及各产业部门内部的构成。社会化大生产的产业结构是在一般分工与特殊分工的基础上逐步形成、演变和发展起来的。研究产业结构，一般是研究生产资料与生活资料两大部类之间的关系；从部门层面来看，则主要研究农业、重工业、轻工业、建筑业与服务业等部门之间的关系，以及各个产业部门的内部关系。

对于产业结构，基于研究视角的不同，不同的学者有不同的定义。有的学者把产业结构定义为“在社会再生产过程中国民经济各产业间的技术经济联系及数量比例关系”（杨治，1985）；同时，宣茂前（2007）认为，“产业结构的核心是各个产业之间的数量比例关系，产业之间的数量比例关系是否合理，对产业的协调发展至关重要。分析产业间的比例关系，一般使用两类指标：一类是各产业的就业人数与资本等生产要素投入及其所占的比重，另一类是各产业所创造的国民收入及其所占的比重。在上述两类指标中，前者表示各种‘资源’在各产业间的分配形态，后者则表示再生产的结构形态”。本书沿用费希尔和克拉克的三次产业分类法，将产业划分为第一、二、三次产业，并将产业结构定义为国民经济中三大产业部门之间的比例关系及其相互联系。产业结构包括投入结构与产出结构：前者主要是指劳动力、资本与技术的投入，由于受到资料的限制，本书主要采用劳动力投入为代表进行分析；后者是由各产业部门提供的产品和服务构成，一般用产值来表示。

2.3.2 产业结构演变的相关理论

2.3.2.1 配第-克拉克定律

17世纪英国经济学家威廉·配第提出“工业的收益比农业多得多，而商业的收益又比工业多得多”的结论。他认为劳动力在产业部门之间相互流动是部门之间相对收入上的差异所导致的，并据此认定，在社会经济发展过程中各产业的变动具有一定的规律性；即随着社会经济的发展和时间的推移，从事农业的就业人员的数量相较于从事工业的就业人员会逐渐下降，而从事工业的就业人员的数量相较于从事服务业的就业人员又处于相对下降的趋势。英国经济学家柯林·克拉克在计算了20个国家中三大产业的劳动投入和总产出的时间序列数据之后发现，人均国民收入水平越低的国家，第一产业所吸纳的劳动力占全部劳动力资源的比重相对越大，而第二、三产业所吸纳的劳动力占就业比重相对越小；与之相反，人均国民收入水平越高的国家，第一产业所吸纳的劳动力占就业比重相对越小，而第二、三产业吸纳的劳动力所占比重相对越大。这揭示了产业结构与就业结构演变的一般规律，被称为“配第-克拉克定律”，即随着经济的发展与人均国民收入的不断提高，国民产出和劳动力就业比重在三大产业之间交替上升。一开始无论是产出比重还是就业比重，第一产业均处在绝对重要的位置，然后逐步向第二产业转移，并逐渐发展为第二产业产出和就业比重占据统治地位，之后出现向第三产业逐步转移的倾向，直至最后第三产业的产出与就业比重占据主导地位。

2.3.2.2 库兹涅茨法则

在克拉克研究的基础上，美国经济学家库兹涅茨收集和整理了欧美主要国家的长期统计数据，从国民收入与劳动力分布两个维度对产业结构的演变规律展开了进一步的研究。他将第一、二、三产业分别称为“农业部门”“工业部门”和“服务部门”，并得出结论：随着国民收入的不断增长和时间的推移，农业部门的国民收入在整个国民收入的比重和农业劳动力占全部劳动力的比重将不断下降；工业部门国民收入在整个国民收入中的比重大体上保持上升，但工业部门劳动力占全部劳动力的比重则基本不变或略有上升；服务部门的劳动力占全部劳动力的比重与服务部门的国民收入在整个国民收入中的比重基本上保持上升趋势；这被称为“库兹涅茨法则”。库兹涅茨认为，劳动力从农业向工业和服务业等非农业部门转移是人类走向工业化社会的必然趋势，并指出，穷国与富国之所以在经济上存在较大差距，主要原因在于产业结构调整缓慢。因此，穷国若想变成富国，不发达国家若想进入发达国家行列，必须大力发展工业和服务业等非农产业，加速农业劳动力向工业和服务业部门的转移步伐。

2.3.2.3 钱纳里-赛尔奎因国际标准产业结构

美国经济学家钱纳里和塞尔奎因等人吸收了库兹涅茨的研究成果，利用101个国家1950—1970年的统计资料进行统计归纳分析，构造出了著名的“世界发展模型”，并由此模型得出一个产业结构变迁的“国际标准产业结构”。由此他们发现，随着人均收入的增长，产业结构会呈现出有规律的变化，可以分为不同的阶段，不同的阶段对应着产业结构的标准数值不同。其基本特征是，在国民经济总产出中，工业所占份额及其就业比重会逐步上升，而农业所占份额及其就业比重会逐渐下降，按照不变价计算的服务业所占份额及其就业比重则呈现缓慢上升的趋势。钱纳里等人还发现，发展中国家与发达国家的产业结构转换过程并不完全相同。发达国家在工业化演进过程中产值结构调整与劳动力就业结构的转换基本上是同步的，而发展中国家劳动力就业结构的转换一般要滞后于产值结构的调整。其原因在于发展中国家中现代工业部门的生产方式越来越向技术密集型转变，因此，其创造产值的能力要大大高于其创造就业机会的能力；同时，发展中国家一般都倾向于非均衡发展，即压低农产品价格而提高工业制成品价格，从而导致工业部门的产值比重偏高（钱纳里，1988）。国际标准产业结构模型为分析和评价不同国家或地区在经济发展过程中产业结构是否“正常”提供了参照标准，同时也为其根据各自经济发展目标而制定相应的产业结构调整政策提供了理论依据。

2.3.2.4　*霍夫曼定理*

德国经济学家霍夫曼（Hoffman）对各国工业化进程中工业结构的演进规律进行了开拓性研究。他根据近20个国家的时间序列数据，分析研究了制造业中的消费资料工业与生产资料工业（以轻重工业划分）之间的净产值比例关系（消费资料工业净产值/资本品工业净产值）的变化，即所谓的霍夫曼系数，并以此作为划分工业化阶段的依据，从而将工业结构特征与工业化过程的阶段划分对应起来。最终得出的结论是：各国工业无论起始于何时，一般都具有相同的趋势，即随着一国工业化的推进，霍夫曼系数呈现出不断下降的趋势，这就是著名的“霍夫曼定理”（1965）。具体来说，在工业化早期，工业结构以轻工业为主，加工程度较低。随着工业化进程的逐渐深入，加工程度高的重化工业和机械加工业必定获得优先发展，其产值比重不断增加，即霍夫曼系数越小，重工业化程度越高，工业化水平也就相对越高。霍夫曼定理是关于经济发展过程中工业内部结构变化的分析工具，在判断一国工业化进程所处阶段的研究中被广泛运用。

其他的产业结构演变理论还包括刘易斯的二元经济结构理论、赫希曼的不平衡增长理论、罗斯托的主导产业理论以及赤松要的大雁阵理论等。

2.3.3　产业结构对经济增长质量的影响机制

2.3.3.1　*产业结构对狭义经济增长质量的影响机制*

产业结构是指在一定时期内一国国民经济中各产业的结构形态，具体指生产要素在各产业部门之间的配置形式，包括各产业所占比例、构成、产业组织结构、技术结构等诸多方面，以及劳动力、资本、技术等投入要素在各产业部门间的具体配置方式。

狭义维度下的经济增长质量主要是指经济增长效率。在经济增长的过程中，资本、劳动力与技术等生产要素通常是以某种特定结构组织在一起而进行生产活动的。产业结构的不同直接导致生产组织方式上的差异，而生产组织方式上的差异又会导致生产要素和技术在具体使用方向及程度上有所区别，这种区别则会进一步决定这些投入要素利用效果。经济增长效率反映了一国或地区对资源和技术的利用情况。因此，产业结构是影响经济增长效率的一个重要因素，合理的产业结构能够促进各个产业部门的协调发展，提高资源与技术的利用效率，降低资源要素的瓶颈约束，从而促进经济增长质量的提升。

2.3.3.2 产业结构对广义经济增长质量的影响机制

产业结构对广义维度下经济增长质量的影响主要通过影响经济增长方式来体现。纵观各国特别是发达国家经济增长的实践经验，可将经济增长划分为三个阶段：

①增长初始阶段。这一阶段最明显的特征是经济增长缓慢，农业在国民经济中占据统治地位，工业与服务业基础相当薄弱。其经济结构特征主要表现为单一的“农业化”，多元化的经济结构还处在孕育阶段。同时，科学技术水平非常落后，主要依靠劳动和资本等要素投入来实现经济增长。这一阶段的增长模式被称为数量型经济增长模式。

②高速增长阶段。这一阶段最明显的特征是经济高速增长，国民经济中农业的主导地位开始逐渐弱化，工业与服务业快速发展，其产值与就业比重不断提高，经济结构的“工业化”特征明显，多元化的经济结构在逐步调整。产业结构的调整使得劳动力、资本等生产要素从效率低的部门逐渐向效率高的部门转移，导致经济效率提高，增长速度加快，高速的经济增长又反过来促进产业结构的调整变动。同时，伴随着经济的快速增长，技术结构也在不断进行调整。这一阶段的增长模式是数量型增长向质量型增长的“过渡模式”，被称为准质量型经济增长模式。

③经济发达阶段。这一阶段经济已经实现了工业化，工业与服务业相当发达，特别是在国民经济中服务业的产值比重与就业比重双双超过了工业，经济结构的“服务化”特征显著，经济增长不再只是单纯依靠增加要素投入，转而依靠结构转型升级、技术进步以及制度创新来实现。这一阶段的增长模式被称为质量型经济增长模式。

从上述分析可以看出，不同的产业结构对应着不同的增长阶段，且其变动意味着资源的重新配置，这对经济增长模式的转型意义重大，并在很大程度上决定着经济增长质量。若单纯依赖对生产要素的大量投入来换取经济的总量增长，则会导致加工工业的发展速度明显快于农业、能源等基础产业部门，引起产业结构的失衡。同时，数量型的经济增长模式过分注重扩大生产规模，从而导致只偏重投资需求、净出口需求对经济增长的带动作用，而忽视消费需求对经济增长的促进作用，最终使得总需求结构的发展不平衡甚至畸形。而且数量型经济增长方式在资源约束日益强化的发展后期，愈来愈受到资源要素的限制，使得经济增长变得不可持续。产业结构是影响经济增长的一个重要因素，经济增长的不同模式也就是不同产业结构状态的反映。产业结构决定着各种要素是否能够高效利用和合理配置。产业结构合理，才能充分利用要素资源，避免浪费；产业结构不合理、结构不协调，则会出现资源短缺和浪费，经济发展受到严重制约。

由此可见，产业结构的调整与优化升级可以转变经济增长方式，提高经济增长质量，实现数量型增长方式向质量型增长方式的转型。

2.3.4 产业结构变迁对经济增长质量影响的研究综述

国外直接讨论产业结构变迁对经济增长质量影响的研究并不多见，主要是讨论产业结构对经济增长数量的影响。1942 年，法布里坎特（Fabricant）建立了偏离-份额分析法（shift-share method）来研究产业结构对经济增长的贡献。钱纳里（1989）提出了一个发展的“多国模型”，认为产业结构转变是理解发达国家与发展中国家经济发展区别的一个核心变量，同时也是后发展国家加快经济发展的本质要求。松山（Matsuyama，1992）研究了结构转变过程中农业所起的作用，认为规模收益递增是工业部门生产的一个重要特征，因此可扩大工业部门的生产，以此来实现结构转变进而推动经济增长。佩内德（Peneder，2002）认为投入要素从低生产效率部门向高生产效率部门流动有利于整个社会生产效率的提高，由此出现的“结构红利”会促进经济数量的稳定增长。与之相反，鲍莫尔（Baumol，1967）提出的“非均衡增长假说”，认为各产业在劳动生产率水平方面存在着先天差别，而产业结构调整会促使劳动力从劳动生产率低的部门向高的部门不断迁移，长此以往会导致劳动生产率水平较高部门的人均资本存量降低，“结构红利”反而成为“结构负担”。卡塞利（Caselli，2005）指出导致各国收入差异的原因可归结为结构转变程度的不同。米契尔（Mitchell，2007）研究得出产业结构的发展状况、劳动力在各产业间的分布情况等是影响经济增长速度的重要因素。Hsieh 和 Klenow（2010）指出产业与行业间的资源及投入要素错配是导致各国全要素生产率出现差异的一个重要原因。在实证研究中，Temin（1999）和 Temple（2001）均认为，对于第二次世界大战后（1950—1973年）西欧各国迎来的一段“黄金增长期”，结构转变带来的增长效应功不可没。Dowrick（1989）通过实证研究得出结论，认为OECD（经济合作与发展组织）国家经济增长的主要推动力在于农业劳动力向工业和服务业的转移。Dowrick和Gemmel（1991）研究发现，劳动力向第二、三产业转移能够解释OECD国家GDP增长总贡献的25%。杨（Young，1995）通过研究“东亚奇迹”提出，“亚洲四小龙”持续数十年的高速增长应归功于二元经济结构的成功转型。Sachs（1994）通过对中俄两国经济的对比研究发现，中国经济高速增长的核心驱动力在于落后产业结构的迅速转变。陈等（Chen，2011）运用分解技术，实证发现中国产业结构变迁对全要素生产率与产出增长均具有显著的影响，但随着时间推移这种贡献在逐渐下降。

经济增长质量是目前国内学术界研究的重点问题，然而产业结构变迁与经济增长质量之间的关系却鲜有被关注，大部分研究仍然聚焦于产业结构变化对经济增长数量或经济波动的影响。已有的关于产业结构对经济增长质量的影响研究主要基于以下两个视角进行分析：

其一是产业结构偏差对经济增长质量的影响。田江海（1985）指出经济结构特别是产业结构的改革是经济增长质量改善的重要内容，并呼吁产业结构应尽快实现现代化，在落后的产业结构上发展经济、在陈旧的技术水平上扩大生产均无益于经济增长质量的改善。郭克莎（1995）指出我国第三产业发展不足、比重过低直接影响了经济增长质量的提高。张长生（2001）认为结构性矛盾是影响中国经济增长质量改善的主要障碍。优化产业结构是新时期提升我国经济增长质量的关键举措。申飞（2008）利用线性回归方法研究了产业结构调整对陕西省经济增长质量的影响。研究结果表明，第二产业与第一产业及其所占比重的增加对陕西省经济增长质量产生明显的负效应。李俊霖和叶宗裕（2009）指出产出结构与需求结构的偏差造成我国经济增长效率的低下。沈利生（2009）通过对增加值率的分析，提出2002年以来使我国经济增长质量变差的因素在于产业结构的变化趋势，工业占比仍然太重，服务业占比仍然太轻。邵晓和任保平（2009）指出我国二元经济结构特征明显，正是这种结构性偏差在很大程度上使得经济增长质量难以改善。任保平和王蓉（2011）认为我国东部地区不合理的产业结构对经济增长质量有负向影响。刘燕妮等（2014）使用结构方程模型分析了经济结构包括产业结构、需求结构、金融结构等对经济增长质量的影响，指出产业结构失衡对中国经济增长质量具有负效应，且影响最为显著。

其二是产业结构转型对经济增长质量的影响。郭熙保（2002）的研究表明，农村剩余劳动力向工业与服务业转移的过程使劳动生产率提高了25%，GDP增长率也相应提高了两成。刘海英（2005）认为产业结构与经济增长质量之间具有格兰杰（Granger）因果关系。钞小静和任保平（2008）得出经济转型主要是产业结构转型，它不仅使我国经济增长数量迅速增长，同时也促成了经济增长质量水平的提高。刘伟和张辉（2008）以及干春晖和郑若谷（2009）通过实证研究得出结论，产业结构变迁曾经一度对我国经济增长的贡献十分显著，但同时这种“结构红利”随着改革的不断深化逐渐消失。龚迎春（2009）指出优化产业结构即是实现产业结构的合理化与高级化，通过优化产业结构促使资源有效合理配置，进而实现经济的可持续发展，是提高经济增长质量的主线。张为杰和张景（2012）测度了京津冀地区产业结构变动对经济增长质量的绝对贡献与相对贡献，结果表明缩小二元经济结构、降低重工业比重以及加快服务业的发展是提高该地区经济增长质量的可行路径。刘秋生和刘雪娇（2013）运用主成分分析法构建了产业结构变化与经济增长质量的关系模型，通过研究江苏省2000—2011年产业结构变动对经济增长质量的影响，提出农业的产业结构变动对经济增长影响最大，其次是现代服务业。张振（2015）指出当前我国已经进入唯有促进产业结构升级才能促进经济增长质量提高的关键时期，在经济新常态下，优化升级产业结构是改善经济增长质量的根本途径。

2.4 主要研究方法的理论基础

2.4.1 软集合理论

2.4.1.1 软集合基本概念

软集合理论是由俄罗斯科学院计算中心教授莫洛佐夫（Molodtsov，1999）首次提出，莫洛佐夫给出的软集合的概念如下：

定义2.1 假定集合U为初始论域，E为刻画U的参数集，$P(U)$是U的幂集。当且仅当F是E到$P(U)$的一个映射二元组时，(F, E)被称为U上的一个软集合。

从数学的角度来看，每个软集合都是论域U上的一个参数化集合族。对于$\forall e \in E$，$F(e)$被视为软集合(F, E)中e-元素的集合，或者是e-近似元素的集合。

定义 2.2 假定 (F, A) 和 (G, B) 为 U 上的两个软集合，则将软集合的运算“ $*$ ”定义为 $(F, A) * (G, B) = (H, A \times B)$，其中 $H(\alpha, \beta) = F(\alpha) * G(\beta)$，$(\alpha, \beta) \in A \times B$ 且 $A \times B$ 为集合 A 和 B 的笛卡尔积。

莫洛佐夫指出传统处理不确定、非精确信息的数据分析工具诸如概率论、区间数学、模糊集、粗糙集等存在其固有缺陷，原因在于参数化工具的不足。同时他证明了扎德（Zadeh，1965）的模糊集和邻域系统都可视为特殊参数集下的软集合。他随后阐释了用软集合来描述或求解对象的思路，这与传统方法迥然不同。传统方法的思路是首先对该对象进行精确描述，然后建立其精确的数学模型，并定义该模型的精确解。但是由于模型过于复杂或求解方法受限，往往无法找到其精确解，便定义并计算近似解或数值解作为原问题的替代解。与此完全不同，软集合一开始并不强制要求对初始对象进行精确描述，而是根据问题的特点或研究者的需要采用任意类型的参数形式，针对论域中的对象进行近似描述，建立近似模型并求其近似解，从而避免了繁琐的寻找精确解的过程。莫洛佐夫进一步指出了软集合在若干领域的应用潜力，如函数正则性、博弈论与运筹学、软分析、概率论与测度理论，并出版了软集合理论专著（Molodtsov，2004）。

2.4.1.2 关于软集合的研究综述

基于莫洛佐夫的开创性工作，软集合理论获得了迅速的发展，产生了大量的研究成果。下面从理论与应用两个方面对软集合的研究进展做简要的介绍：

关于软集合的理论研究大致可分为四个方向：①软集合的概念及运算研究。Maji 等（2003）定义了若干软集合的具体运算，如两个软集合相等，软子集，软集合的并、交、补以及软集合 AND 运算和 OR 运算。Ali 等（2009）进一步定义了两个软集合的狭义交、狭义并、狭义差以及广义交，并获得了相应运算下的德摩根（De Morgan's）律。Sezgin 和 Atagun（2011a）研究了软集合在交、广义交、狭义并和狭义差下的运算性质，并探讨了这些运算之间的内在联系。Qin 和 Hong（2010）介绍了软相等关系并获得一些相关的性质。Min（2012）提出了两个软集合的相似性概念，这是对软相等关系的推广。Cagman 和 Enginoglu（2010a）为了方便将软集合储存在计算机中进行运算，定义了软集合的矩阵表示形式，称之为软矩阵。Gong 等（2010）研究了一种特殊的软集合，称之为双射软集合，这实质上就是要求所有参数映射的集值是构成初始论域的一个划分。肖等（Xiao，2010）进一步推广了双射软集合，提出了异或软集合，即要求所有参数映射的集值是构成初始论域的一个覆盖。同时，肖和邹（Xiao & Zou，2014）利用莫洛佐夫（Molodtsov，2011）的软映射概念证明了模糊集与粗糙集均可认为是一种特殊的软集合，并将其基本运算都纳入软集合的基本理论框架。②软集合与代数结构的融合研究。Akatas 和 Cagman（2007）首先在软集合上讨论代数结构，他们提出了软群的概念，并研究软群的各种运算，随即引发了一股研究软代数结构的热潮。Sezgin 和 Atagun（2011b）具体探讨了软群和正规软子群的各种代数性质。Feng 等（2008）和 Acar 等（2010）分别构造了软集上的软半环、软半环理想和软环、软环理想等。Jun（2008a）介绍了软 BCK/BCI 代数结构，随后 Jun 和 Park（2008b）进一步介绍了理想软 BCK/BCI 代数，并研究了理想软 BCK/BCI 代数与软 BCK/BCI 代数之间的关系。Zou 和 Xiao（2015）为了刻画软群的结构，将群表示论的思想与软集合结合，提出了软群的表示，并获得了软群表示论的一些相关结果。③软集合与其他不确定概念的融合研究。Maji 等（2001a，2001b）首次将模糊集的程度化思想引入软集合，定义了模糊软集合（每个参数都对应着论域上的一个模糊集），继而又提出了直觉模糊软集合，并探讨了一些基本性质与运算。Majumdar 和 Samanta（2010）通过将参数模糊化，将模糊软集合扩展到广义模糊软集合，并定义了广义模糊软集合的相似性。Yang（2009）等将区间值模糊集与软集合进行结合，提出区间值模糊软集合，沿着这一思路，Jiang 等（2010）进一步结合区间值直觉模糊集与软集合，给出了区间值直觉模糊软集的概念。Xu 等（2010）则探讨了 Vague 集与软集合的综合模型，定义了 Vague 软集合。Feng 等（2011）将粗糙集的粒度化思想引入软集合，并与软集合结合，给出了粗糙软集和软粗糙集的概念。受 Feng（2011）的启发，Meng 等（2011）尝试将软粗糙集进一步推广，与模糊集结合，定义了软粗糙模糊集和软模糊粗糙集，并研究了一些相关的性质。④软集合的参数约简。对软集合参数约简的研究始于 Maji 等（2002），他们将粗糙集属性约简的思想引入软集合，平行获得了软集合的参数约简算法。Chen 等（2005）辨析了软集合参数约简与粗糙集属性约简的联系与区别，并提出了一种基于最优选择对象不变的参数约简方法。Kong 等（2008）认为仅考虑最优选择对象不变会导致次优对象发生变化，因此提出了基于次优选择对象不变的参数约简方法。Ali 等（2012）认为每个参数都对应着初始论域的一个分类，基于此种观点，给出了一个基于选择对象分类能力不变的参数约简方法。

在软集合应用方面的发展也非常迅速，它已经被成功运用到诸如最优化问题、多属性决策、医疗诊断、数据挖掘、文本分类、外贸预警、股市预测、企业危机预警等各个领域。Kovkov 等（2007）在软集合的框架内来考虑最优化问题，得出了一些相关的最优化准则。Roy 和 Maji（2007）利用模糊软集合来处理不确定性环境下的多属性决策问题，并给出了相应的算法。Zou 和 Xiao（2008）针对现实生活中存在缺失信息的决策问题，提出了不完备信息下的软集合数据分析方法。与删除法和数据补齐法相比，这种方法能更好地反映不完备数据的实际取值情况，从而为最终决策提供更合理的依据，并用实例验证了该方法的可行性。Qin（2011）利用软集合给出了一种不完备数据的填充方法。Cagman 和 Enginoglu（2010b）利用 uni-int 操作，提出了基于软集合的 uni-int 决策方法，并将之用来解决企业员工招聘问题。Feng 等（2012）在 Cagman 和 Enginoglu（2010b）的基础上指出了 uni-int 决策方法的局限性，并对其进行了进一步的改进与拓展，提出了广义的 uni-int 决策方法。Majumdar 和 Samanta（2010）运用广义模糊软集合相似性的概念来解决医疗诊断问题。Herawan 和 Deris（2011）给出了一种从事物数据库中挖掘关联规则及最大关联规则的方法，相比于其他方法，该方法能更迅速地获取关联规则。Mushrif 等（2006）创立了文本分类快速算法，相较于其他已有算法，该算法更简单，同时分类准确率更高。Xiao 等（2009）利用模糊软集合对重庆市的进出口状况进行了预测，使用隶属度将各种预测方法进行组合，实证表明组合方法的预测结果良好且算法复杂度较低。莫洛佐夫（2011）定义了软概率，认为它实质上就是一种区间概率，并利用软概率和软期望提出了一种证券组合投资新方法。利用历史数据进行仿真，仿真结果与真实结果的大致走势比较接近。Xu 等（2014）利用软集合及 Cagman 和 Enginoglu（2010b）的 uni-int 决策方法，基于上市公司的财务信息对上市公司进行了财务危机预警研究。相较于其他常用的危机预警方法，该方法的危机预警效果更好。

2.4.1.3 软集合与传统经济增长质量测度方法比较

首先，在中国经济增长质量评价的实践问题中，衡量指标所包含的数据来源渠道受限，一般采用年度数据，且无法使用类似于自然科学领域中的可控试验来源源不断地补充数据，因此样本数据容量较小。其次，评价指标多且部分高度相关。经济增长质量与数量不同，对于后者的评价往往只需采用一个单一指标来衡量，如 GDP 年增长率；而前者属于规范性评价范畴，受到多维因素影响，需要建立一个多指标的综合评价指标体系来度量。鉴于中国经济增长质量问题的复杂性，为了对它做出客观、全面的评价，会不可避免地导致评价指标选择偏多，而由于某些经济指标之间存在着较强的相关性，必须要对这些指标进行约简筛选，以避免解释变量之间的多重共线性；在指标集成方面，由于牵涉到权重的获取，而赋权的客观与否对评价结果有很大影响。中国经济增长质量评价的上述问题特征要求数据分析方法能够适用于不同的样本数据规模，尤其是小样本数据，并且对数据的分布无要求；能对评价指标进行约简，消除指标之间的高度相关性，增强自变量的解释力；能客观赋权以保证评价结果的客观性。软集合近似建模以求近似解的建模思路，使得其具备以上优势，能够准确有效地对经济增长质量进行评价及分析。

软集合方法与已有的经济增长质量评价方法的具体比较如表 2. 3 所示。

表 2. 3　软集合方法与传统经济增长质量评价方法的比较

经济增长质量评价方法	主要思想	适合处理的指标类型	对样本的要求	特征
软集合方法	分类的思想，利用参数重要度对指标进行客观赋权	多种指标类型	无	无须建立关于对象的精确数学模型和定义模型精确解的概念，对对象的初始描述采用近似特征，可根据研究者偏好使用任意形式的参数
相对指数法	平均的思想，利用等权重法或专家打分对指标进行主观赋权	定量指标且不存在相关指标	无	无法反映部分指标之间的高度相关性及进行指标约简，权重的确定依据主观经验，并直接影响评价结果
层次分析法	分层的思想，利用判断矩阵的特征根所对应的特征向量对各指标进行主观赋权	定性指标且个数较少	小样本	所需定量数据少且定性成分多，判断过程较粗糙，指标过多时判断矩阵无法通过一致性检验，导致权重难以确定
熵值法	不确定性思想，利用信息熵对指标进行客观赋权	定量指标且不存在相关指标	无	以信息熵确定的指标权重与指标本身的重要程度可能不一致，无法反映相关指标之间的关系
因子分析法	降维的思想，利用相关系数矩阵将原始变量通过相关性大小分组为公共因子与特殊因子，利用公共因子的累积方差贡献率进行客观赋权	定量指标且个数较少	大样本	假设条件较强，要求大样本和较强的统计规律，指标个数应尽可能少，无法准确描述各个维度指标的具体变化，只能获得公共因子的变动趋势，且公共因子的经济解释能力较差

表2.3(续)

经济增长质量评价方法	主要思想	适合处理的指标类型	对样本的要求	特征
主成分分析法	降维的思想，利用方差-协方差矩阵将原始变量通过线性变换合成几个主成分，利用主成分的累积方差贡献率进行客观赋权	定量指标个数较少	大样本	假设条件较强，要求大样本和较强的统计规律，指标个数应尽可能少，只能获得各个主成分的变动趋势，而且主成分的经济解释能力不强

2.4.2 支持向量机理论

1971年，瓦普尼克和泽范兰杰斯首次给出了支持向量机的重要理论基石之一——VC维理论（Chapelle et al.，2002），随后又于1982年提出了具有划时代意义的结构风险最小化准则，这一原则奠定了支持向量机的理论基础。直至1995年，科尔特斯和瓦普尼克（Cortes & Vapnik，1995）合作发表论文“Support Vector Networks”，支持向量机（support vector machines，SVM）的思想才首次出现在人们的视野中，它能有效地解决小样本学习问题，具有非同寻常的意义。

2.4.2.1 统计学习理论

传统的统计学理论是以假定样本数目趋向无穷大为其理论前提的一种渐进理论，但在实际问题中样本数量经常是有限的，因此理论上很成熟的统计学方法在实际中的表现却可能不尽如人意。图灵于1950年发表了关于计算机人工智能的论文，开始了对统计学习问题的系统研究。

与传统统计学相比，统计学习理论（statistical learning theory，SLT）是一种专门用来研究小样本下学习规律的理论。其目的是根据给定的训练样本求出对某系统输入输出之间依赖关系的估计，使之能够对未知的输出做出尽可能接近真实情形的预测。可一般地表示为：变量 y 与 x 存在某种未知依赖关系，即遵循某一未知的联合概率 $F(x, y)$，则机器学习问题就是根据 n 个独立同分布的观测样本，在一组函数 $\{f(x, w)\}$ 中找出一个最优函数 $f(x, w_0)$ 对依赖关系进行估计，并使期望风险 $R(w)$ 最小。其中将 $R(w)$ 定义为

$$R(w) = \int L(y, f(x, w))\, dF(x, y) \tag{2.1}$$

式中，$\{f(x,w)\}$ 称为预测函数集，$w \in \Omega$ 为函数的广义参数，$L(y,f(x,w))$ 称作损失函数。

在上述问题中，学习的目标在于使期望风险最小化。但是，只能利用已知的训练样本信息，这导致期望风险无法直接计算和进行最小化。因此传统学习方法采用了所谓经验风险最小化（empirical risk minimization，ERM）原则，即用样本定义经验风险

$$R_{emp}(w) = \frac{1}{n}\sum_{i=1}^{n} L(y_i, f(x_i, w)) \tag{2.2}$$

ERM 原则是目前绝大多数模式识别方法的基础。但是，经验风险最小化原则存在其固有缺陷，即单纯追求对已知数据的完美拟合，而忽视其泛化能力，当新加入一些数据时可能会出现较大误差，同时没有考虑模型的复杂度，尤其是在样本数目有限时显得极不合理。

通过对经验风险最小化的反思，俄国统计学家瓦普尼克（1995）经过严密的数学推理，构建了结构风险最小化（structure risk minimization，SRM）理论，将模型的复杂度也纳入了优化目标，提出了著名的支持向量机理论，在保证分类精度（经验风险）的同时，降低了学习机器的 VC 维，使学习机器在整个样本集上的期望风险得到控制。

2.4.2.2　*支持向量机方法*

支持向量机（support vector machines，SVM）是瓦普尼克（Vapnik，1997）在统计学习理论的 VC 维理论和结构风险最小化原理基础上提出的一种新型机器学习算法。支持向量机的产生，极大地促进了统计学习理论的发展。与传统的机器学习方法相比，SVM 在解决小样本、非线性及高维模式识别问题中体现出许多明显的优势。就推广性能而言，SVM 具有良好的泛化性，在统计意义上较少的支持向量对应着较好的推广能力。SVM 最早被用来解决分类与模式识别问题，因此下面将系统介绍 SVM 的分类思想并阐述其基本原理：

①线性支持向量机

SVM 是从线性可分情况下的最优分类面发展而来的，其基本思想可用图 2.1 的二维平面的情况来说明。假定 n 个样本的训练样本集 $D = \{(x_i, y_i): i = 1, \cdots, n; x_i \in R^N\}$，其中 R^N 表示 N 维实数空间，$y_i \in \{\pm 1\}$ 可被一个超平面 $w \cdot x + b = 0$ 无错误地分开（训练错误率为0），则与两类样本点距离最大的分类超平面即为最优超平面，此时它获得了最佳的推广能力。在图 2.1 中，实心点与空心点各代表两类样本，中间的粗实线为最优超平面，其附近的两细线分别为与各类中离分类线最近的样本且平行于分类线的直线，它们之间的距离叫作分类间隔（margin）。位于两条细线上的点叫作支持向量（support vector，SV），一组支持向量可以唯一决定一个超平面。

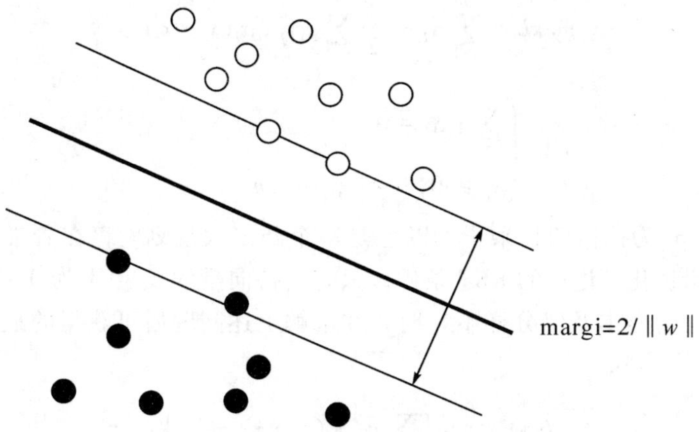

图 2.1　线性可分情形下的最优分类超平面

对于线性可分的情形，为不失一般性，假定训练集中的向量满足

$$y_i[(w \cdot x_i)+b]-1 \geqslant 0,\ i=1,\ 2,\ \cdots,\ n \tag{2.3}$$

由于超平面与支持向量之间的距离为 $1/\|w\|$，则支持向量之间的距离为 $2/\|w\|$，使间隔最大等价于使 $\|w\|^2$ 最小，因此最优超平面的构造就转化为在上述约束下求 $\|w\|$ 的最小值。统计学习理论指出，在 N 维空间中，设样本分布在一个半径为 R 的超球范围内，则满足条件 $\|w\| \leqslant A$ 的正则超平面构成的指示函数集 $f(x,\ w,\ b)=\mathrm{sgn}\{(w \cdot x)+b\}$（$\mathrm{sgn}(\cdot)$ 为符号函数）的 VC 维满足以下的界

$$h \leqslant \min([R^2A^2],\ n)+1 \tag{2.4}$$

因此使 $\|w\|$ 最小就是使 VC 维的上界最小，从而实现了 SRM 准则中对函数复杂性的选择。使分类间隔最大实际上是对推广能力的控制，这是 SVM 的核心思想之一。

由上面的分析可知，在线性可分情形下构建最优超平面，即转化为以下的二次规划问题（Qi et al., 2013）

$$\begin{gathered}\min \frac{1}{2}\|w\|^2 \\ \text{s.t. } y_i[(w \cdot x_i)+b] \geqslant 1,\ i=1,\ \cdots,\ n\end{gathered} \tag{2.5}$$

使用拉格朗日方法将上述问题转化为其对偶规划问题，即有

$$\max L = \sum_{i=1}^{l} \alpha_i - \frac{1}{2}\sum_{i=1}^{l} y_i y_j \alpha_i \alpha_j (x_i \cdot x_j)$$

$$\text{s.t.} \begin{cases} \sum_{i=1}^{l} y_i \alpha_i = 0 \\ \alpha_i \geqslant 0,\ i = 1,\ \cdots,\ n \end{cases} \tag{2.6}$$

其中，α_i 为拉格朗日乘子，以上是一个凸二次规划，存在着唯一的最优解。根据最优化理论中的 KKT 条件，只有支持向量的 α_i 值不为 0（决策函数值等于 ±1 的样本及错分样本）时，在求解上述问题后可获得的最优分类函数为

$$f(x) = \text{sgn}\left\{ \sum_{i=1}^{n} \alpha^* y_i (x_i \cdot x) + b^* \right\} \tag{2.7}$$

但在实际应用中，大多数情况下并不满足线性可分性。即便问题是线性可分的，由于各种原因，训练集中也可能会出现一部分“野点子”，如一个标错的点，这可能对最终的分类超平面产生严重影响。事实上，对于线性不可分的情形，可在条件中添加一个松弛项 $\xi_i \geqslant 0$，将约束放宽为 $y_i(w \cdot x_i + b) \geqslant 1 - \xi_i$，$\xi_i \geqslant 0$，$i = 1$，$\cdots$，$l$，此时目标函数变成

$$\Phi(w,\ \xi) = \min \frac{1}{2} \| w \|^2 + C\sum_{i=1}^{l} \xi_i \tag{2.8}$$

其中，C 为可调参数，它控制对错误的惩罚程度，C 越大表示惩罚越重。上述模型被称为“软间隔”线性支持向量机，这是一个二次规划问题，可通过构造拉格朗日乘子来求其对偶问题，对偶二次规划与线性情况并无差异，只是约束条件 $\alpha_i \geqslant 0$ 强化为 $0 \leqslant \alpha_i \leqslant C$。

②非线性支持向量机

非线性 SVM 的基本思想是，利用非线性变换将输入变量 x 转化到某个高维度空间中，然后在变换空间中求最优超平面。这种变换有可能非常复杂，一般情况下这种思路不易实现，但是由于所有的对偶问题都只涉及到训练样本的内积运算，也即在高维空间中只需进行内积运算，且这种内积运算可用原空间中的函数来实现，甚至无须知道变换的具体形式。据泛函的相关理论，若有某种核函数 $K(x_i \cdot x_j)$ 满足默瑟（Mercer）条件，则其对应着某个变换空间的内积。因此，首先可利用非线性映射 φ：$R^n \rightarrow H$ 将输入变量映射到高维希尔伯特空间 H 中。定义核函数 $K(x,\ y) = \varphi(x) \cdot \varphi(y)$，非线性支持向量机的目标函数转变为

$$W(\alpha) = \sum_{i=1}^{l} \alpha_i - \frac{1}{2}\sum_{i=1}^{l}\sum_{i=1}^{l} \alpha_i \alpha_j y_i y_j K(x_i \cdot x_j) \tag{2.9}$$

对应的最优分类函数为

$$f(x)=\operatorname{sgn}\left[\sum_{i=1}^{l}\alpha^{*}y_{i}K(x_{i}\cdot x)+b^{*}\right] \tag{2.10}$$

“软间隔”非线性支持向量机可表示成最优化问题如下

$$\min\frac{1}{2}\|w\|^{2}+C\sum_{i=1}^{l}\xi_{i}$$
$$\text{s.t. } y_{i}[(w\cdot\varphi(x_{i}))+b]\geqslant 1-\xi_{i},\ \xi_{i}\geqslant 0,\ i=1,\ \cdots,\ n \tag{2.11}$$

同理，可通过构造拉格朗日乘子来求其对偶问题，对偶二次规划与非线性情况几乎完全相同，只是将约束条件 $\alpha_i\geqslant 0$ 强化为 $0\leqslant\alpha_i\leqslant C$。

默瑟条件可表述为：给定 $K(x,\ x')$，存在 $\varphi(x)$ 与之对应的充分必要条件是：若对于任意给定的函数 $g(x)$，当 $\int_a^b g(x)^2\mathrm{d}x$ 有限时，满足

$$\int_a^b\int_a^b K(x,\ x')\,g(x)\,g(x')\,\mathrm{d}x\mathrm{d}x'\geqslant 0 \tag{2.12}$$

满足默瑟条件的核函数目前主要有以下三种形式：

多项式（polynomial）核函数：$K(x,\ y)=[s(x\cdot y)+c]^{d}$；

径向基（RBF）核函数：$K(x,\ y)=\exp\{-r\,|x-y|^{2}\}$；

二层神经网络（sigmoid）核函数：$K(x,\ y)=\tanh[s(x\cdot y)+c]$。

2.5 本章小结

本章对经济增长质量的相关文献进行了述评，简要介绍了西方主要经济流派中的经济增长质量相关理论渊源及产业结构理论的演进；论述了产业结构对经济增长质量的影响机制，并综述了产业结构变迁对经济增长质量的研究现状；最后对软集合理论与支持向量机理论的产生背景、理论特征及发展状况进行了较为详细的综述，为后续章节的研究奠定了理论和方法基础。

3 狭义视角下的中国经济增长质量评价

狭义视角下的经济增长质量可单纯理解为经济增长效率，即经济增长的投入产出效率，基于数据包络分析的曼奎斯特指数法能有效地对动态效率进行评价。本章首先回顾了数据包络分析方法的基本原理和曼奎斯特指数法的基本内容，以1990年不变价计算的GDP为产出指标，以劳动力、资本和能源为投入指标，利用基于数据包络分析的曼奎斯特指数法，对中国在1990—2014年的狭义经济增长质量状况进行了评价与因素分解分析。

3.1 数据包络分析模型

查恩斯等（Charnes et al.，1978）率先提出的数据包络分析（DEA），是一种针对多投入与多产出的多个决策单元的效率评价方法，也是一种测算效率指数的非参数方法。DEA方法的本质就是利用线性规划模型来构建数据的非参数分段曲面（或前沿面），随后相对于这个前沿面来计算效率。相对于计算效率的参数方法，数据包络分析法无须明确生产函数的具体形式，也不用进行计量回归，直接从投入产出的角度来考虑效率的变化。因此，其处理多投入、多产出问题的能力非常突出，而且数据包络分析法不仅能够运用线性规划来判断与决策单元相对应的点是否位于有效生产前沿面上，同时又能获取若干有用的管理信息。其不足之处在于数据包络分析是一种静态分析法，未考虑时间因素，但是，它与曼奎斯特指数法相结合后，就可以分析带时间序列的动态效率问题。因此，与其他的效率测算方法相比，数据包络分析方法更能凸显其优越性，且限制条件更少，使用范围更加广泛。基于上述原因，本章选择数据包络分析法作为狭义视角下的中国经济增长质量指数测算方法。在已有研究的若干数据包络分析相关模型中，曼奎斯特指数法得到了非常广泛的应用，故本章也选择使用基于数据包络分析的曼奎斯特指数法来测度狭义视角下的中国经济增长质量。

数据包络分析模型可分为以投入为导向和以产出为导向两种类型，分别是指在投入或产出水平不变的前提下，通过相应减少要素投入或增加产出来测算技术无效性。在规模报酬不变（CRS）条件下，二者的测算结果是一致的，而在规模报酬可变（VRS）条件下，两者结果可能不相等。但据博格等（Berger et al., 1999）的研究，对导向的选择其实对结果影响很小。本章具体选用的是以投入为导向且规模报酬可变的 BCC 模型。

下面阐述 BCC 模型的基本思想，假设有 K 个决策单元（decision making unit, DMU），其中每个 DMU 均使用 N 种投入，并获得 M 种产出。对于每个决策单元 DMU_k，都有以下效率评价指数与之对应

$$h_k = \sum_{m=1}^{M} v_m y_{km} \Big/ \sum_{n=1}^{N} u_n x_{nk},\ n = 1,\ \cdots,\ N;\ m = 1,\ \cdots,\ M;\ k = 1,\ \cdots,\ K \tag{3.1}$$

其中 x_{nk} 表示决策单元 DMU_k 中第 n 种要素投入量；y_{km} 表示决策单元 DMU_k 中第 m 种产出量，$x_{nk} \geqslant 0$，$y_{km} \geqslant 0$。u_n，v_m 分别表示第 n 种投入和第 m 种产出的权系数。

以第 k_0 个决策单元 DMU_{k_0} 的效率指数为优化目标，将所有决策单元效率指数作为约束条件，构造 CCR 模型如下

$$\begin{cases} \max h_{k_0} = \sum_{m=1}^{M} v_m y_{k_0 m} \Big/ \sum_{n=1}^{N} u_n x_{nk_0} \\ \text{s. t.}\ \sum_{m=1}^{M} v_m y_{km} \Big/ \sum_{n=1}^{N} u_n x_{nk} \leqslant 1,\ k = 1,\ \cdots,\ K \\ u = (u_1,\ \cdots,\ u_n)^T \geqslant 0,\ v = (v_1,\ \cdots,\ v_m)^T \geqslant 0 \end{cases} \tag{3.2}$$

运用查恩斯-库珀变换（Charnes-Cooper transformation）对上式进行转化，并取其对偶线性规划，同时引入松弛变量 s^+ 与剩余变量 s^-，使不等式约束转化成等式约束，从而有

$$
\begin{cases}
\min\theta \\
\text{s. t.} \ \sum_{k=1}^{K} \lambda_k x_k + s^- = \theta x_0 \\
\sum_{k=1}^{K} \lambda_k y_k - s^+ = y_0 \\
\lambda_k \geqslant 0, \ k = 1, \ \cdots, \ K. \\
s^- \geqslant 0, \ s^+ \geqslant 0
\end{cases}
\tag{3.3}
$$

运用对偶线性规划的最优解 θ^0、λ^0、s^{0-}、s^{0+}，即可判断决策单元的 DEA 有效性。

①若最优值 $\theta^0 = 1$，且与各个最优解对应的 $\lambda_0 = (\lambda_1^0, \lambda_2^0, \cdots, \lambda_K^0)^T$，$s^{0-}$，$s^{0+}$ 都有 $s^{0-} = s^{0+} = 0$，则判定决策单元 DMU_{k_0} 是 DEA 有效的；反之亦成立。

②若最优值 $\theta^0 = 1$，但 s^{0-}，s^{0+} 至少有一个不为 0，则决策单元 DMU_{k_0} 是弱 DEA 有效；反之亦成立。

③若 $\theta^0 \neq 1$，则决策单元 DMU_{k_0} 是 DEA 无效的；反之亦成立。

规模报酬可变的 BCC 模型是在 CCR 模型基础上发展而来的，相较于 CCR 模型，主要区别是加入了限制条件 $\sum_{k=1}^{K} \lambda_k = 1$。BCC 模型将综合效率分解为纯技术效率与规模效率，进一步可判断决策单元是处于规模报酬不变、递增或递减。

3.2 曼奎斯特指数模型

3.2.1 曼奎斯特指数

数据包络分析模型能够测算多投入、多产出中决策单元的生产效率情况，而曼奎斯特指数则可测算单个决策单元在不同时期生产率的变化。为测算曼奎斯特指数，需要用到生产可能集及谢泼德（Shepard，1970）的产出距离函数。

在研究中，一般根据可观察到的决策单元来设定生产可能集。第 t 期下规模报酬不变（CRS）的生产可能集为

$$
S^t(C) = \left\{(x_t, y_t): x_t \geqslant \sum_{k=1}^{K} \lambda_{kt} x_{kt}; \ y_t \leqslant \sum_{k=1}^{K} \lambda_{kt} y_{kt}; \ \lambda_{kt} \geqslant 0, \ k = 1, \ \cdots, \ K\right\}
\tag{3.4}
$$

第 t 期规模报酬可变（VRS）的生产可能集为

$$S^t(V) = \left\{(x_t, y_t): x_t \geqslant \sum_{k=1}^{K} \lambda_{kt} x_{kt}; y_t \leqslant \sum_{k=1}^{K} \lambda_{kt} y_{kt}; \lambda_{kt} \geqslant 0, \sum_{k=1}^{K} \lambda_{kt} = 1, k = 1, \cdots, K\right\} \tag{3.5}$$

按照谢泼德的定义，第 s 期生产活动（x_s，y_s）相对于第 t 期生产可能集 S^t 的基于投入的距离函数为

$$D^t(x_s, y_s) = \sup\{\lambda: (x_s/\lambda, y_s) \in S^t\} \tag{3.6}$$

关于距离函数的计算，一般要用到线性规划方法。在不变与可变规模报酬的假设条件下，上述距离函数恰好分别为 CCR 模型和 BCC 模型的最优解。

$$(\text{CCR})\begin{cases} \max z_C = D_C^t(x_{ks}, y_{ks}) \\ x_{ks}^n \geqslant \sum_{k=1}^{K} \lambda_{kt} x_{kt}^n, \ n = 1, \cdots, N \\ z_C y_{ks}^m \leqslant \sum_{k=1}^{K} \lambda_{kt} x_{kt}^m, \ m = 1, \cdots, M \\ \lambda_{kt} \geqslant 0, \ k = 1, \cdots, K \end{cases} \tag{3.7}$$

$$(\text{BCC})\begin{cases} \max z_V = D_V^t(x_{ks}, y_{ks}) \\ x_{ks}^n \geqslant \sum_{k=1}^{K} \lambda_{kt} x_{kt}^n, \ n = 1, \cdots, N \\ z_V y_{ks}^m \leqslant \sum_{k=1}^{K} \lambda_{kt} x_{kt}^m, \ m = 1, \cdots, M \\ \sum_{k=1}^{K} \lambda_{kt} = 1, \ \lambda_{kt} \geqslant 0, \ k = 1, \cdots, K \end{cases} \tag{3.8}$$

3.2.2 曼奎斯特指数的计算及分解

曼奎斯特指数的计算需用到两个相邻时期的投入距离函数，根据 Fare 等（1997）的思想，将曼奎斯特指数设定为

$$M_t^{t+1}(x_t, y_t, x_{t+1}, y_{t+1}) = \left[\frac{D_C^t(x^{t+1}, y^{t+1})}{D_C^t(x^t, y^t)} \cdot \frac{D_C^{t+1}(x^{t+1}, y^{t+1})}{D_C^{t+1}(x^t, y^t)}\right]^{0.5} \tag{3.9}$$

进一步，曼奎斯特指数可以分解为两个部分

$$M_t^{t+1}(x_t, y_t, x_{t+1}, y_{t+1}) = \frac{D_C^t(x^{t+1}, y^{t+1})}{D_C^t(x^t, y^t)} \times \left[\frac{D_C^{t+1}(x^{t+1}, y^{t+1})}{D_C^{t+1}(x^t, y^t)} \cdot \frac{D_C^t(x^t, y^t)}{D_C^t(x^{t+1}, y^{t+1})}\right]^{0.5} \tag{3.10}$$

上式中第一项衡量的是不变规模报酬假设下的技术效率变化指数（TEC），

表示 DMU 向实际生产前沿面的逼近程度（catching up）。若其值大于 1，说明第 $t+1$ 期的产出相对于第 t 期的产出更加逼近生产前沿面；若其值小于 1，说明第 $t+1$ 期的产出相对于第 t 期的产出更加远离生产前沿面，更加无效。第二项衡量的是技术进步指数（TCP），表示生产前沿面的移动（frontier-shift）。若其值大于 1，说明第 $t+1$ 期相对于第 t 期生产前沿面向前移动；若其值小于 1，说明第 $t+1$ 期相对于第 t 期生产前沿面向后移动。

其中，技术效率变化指数（TEC）还可进一步分解为纯技术效率指数（PTEC）和规模效率指数（SEC），则上式转化成

$$M_t^{t+1}=\frac{D_V^{t+1}(x^{t+1},\ y^{t+1})}{D_V^t(x^t,\ y^t)}\times\left[\frac{D_C^{t+1}(x^{t+1},\ y^{t+1})}{D_V^{t+1}(x^{t+1},\ y^{t+1})}\bigg/\frac{D_C^t(x^t,\ y^t)}{D_V^t(x^t,\ y^t)}\right]$$
$$\times\left[\frac{D_C^t(x^t,\ y^t)}{D_C^{t+1}(x^t,\ y^t)}\cdot\frac{D_C^{t+1}(x^{t+1},\ y^{t+1})}{D_C^t(x^{t+1},\ y^{t+1})}\right]^{0.5}=\text{PTEC}\times\text{SEC}\times\text{TCP}\tag{3.11}$$

3.3 中国经济增长质量指数测度

3.3.1 指标设计

运用曼奎斯特指数对狭义视角下的中国经济增长质量状况进行测度，需要设计相应的投入指标与产出指标。投入产出相关指标的选取对数据包络分析模型结果影响较大。以下对投入指标与产出指标分别进行解释说明：

3.3.1.1 产出指标

实际 GDP：实际 GDP 是剔除了价格变动因素的名义 GDP。其计算方法为：首先确定研究基准年份，接着根据《中国统计年鉴》中公布的 GDP 指数来计算环比 GDP 平减指数，进而求出每个时期的环比指数的连乘积，即可获得以基准年份为基期的定基指数，最后使用名义 GDP 除以对应的 GDP 平减指数就能得到当期的实际 GDP。

3.3.1.2 投入指标

要素投入除了柯布-道格拉斯函数中的劳动力与资本外，还应包括能源、土地、人力资本投入等要素投入，本章主要采用劳动力、资本与能源三要素作为经济增长的投入部分。

劳动力投入：若严格按照理论要求，劳动力不仅取决于要素投入量，而且

还与要素质量及其利用效率等因素密切相关。在多数的经济研究中，通常选用劳动者人数来衡量劳动投入量的多少，其优势在于一方面能够直接体现劳动投入量的规模，不存在价格调整的问题；另一方面相关统计数据也容易获得（何锦义，2006）。因此，本章采用历年统计年鉴中公布的社会从业人员总数作为经济活动中劳动力要素的投入。

资本投入：对按照可比价格计算的资本存量进行估算的最常用方法是永续盘存法，其公式为

$$K_t = I_t/P_t + (1 - \delta_t)K_{t-1} \tag{3.12}$$

其中 K_t、I_t、P_t 和 δ_t 分别为第 t 期实际资本存量、现价投资量、定基价格指数与资本折旧率。基于上式来测算资本存量，需要初始期资本存量 K_0、投资量 I_t、资本价格指数 P_t 与折旧率 δ_t。通过对我国资本存量估算方法进行对比分析，李宾（2011）认为，初始期资本存量对资本存量估算影响很小，而折旧率对资本存量估算结果的影响最大。固定资产投资价格指数作为资本价格指数已基本上达成共识。对于投资量 I_t 的选择，主要存在三种方式：一是采用“积累”的概念；二是采用全社会固定资产投资；三是采用固定资本形成总额。固定资本形成总额与全社会固定资产投资在测算资本存量上表现较为相近，而由于固定资本形成总额是未扣除折旧且不包括存货的投资流量，与经济研究中通常定义的 I 具有一致性，故稍优于全社会固定资产投资。因此，在本章研究中以固定资本形成总额作为当年的投资量。其中 1990—2008 年数据来自《新中国六十年统计资料汇编》，之后则采用历年《中国统计年鉴》的数据。以 1990 年为基年，由于 1992 年之前官方未公布固定资产投资价格指数，因此采用 GDP 平减指数作为近似替代，1992 年之后采用官方公布的固定资产投资价格指数对资本进行平减处理。本章采用张军等（2004）测算的 1990 年各省份资本存量作为基期资本存量，并选用陈昌兵（2014）估算的固定不变资本折旧率 5.65%。

能源投入：经济活动中能源消耗部分采用历年能源消费总量作为能源投入，本章具体采用历年《国家统计年鉴》中公布的能源消费总量（以万吨标准煤计算）作为经济活动中能源的投入部分。

3.3.2 中国经济增长质量指数的测算

本章所使用的全部原始数据均来源于历年《中国统计年鉴》及《新中国六十年统计资料汇编》。由于西藏的统计数据不健全且 GDP 占比较小，对结果影响不大，因而采用 29 个省（区、市）（重庆数据纳入四川省进行核算）在

1990—2014 年的面板数据，不包括我国西藏及港澳台地区的数据。对于有些省份存在的部分数据缺失，采用平均增长率法补齐。关于狭义经济增长质量的测算，常用方法主要有以“索洛余值”为代表的参数估计法和以数据包络分析为基础的曼奎斯特指数法，本章选用基于数据包络分析的曼奎斯特指数法主要基于以下三点考虑：其一是假设条件较少，无须指定具体形式的生产函数，而索洛余值法一般采用的 C-D 生产函数仅考虑资本与劳动，未考虑能源投入；其二是对数据分布类型与样本量没有特殊要求，时间区间跨度不长，数据较少，若采用建立在大样本回归基础上的索洛余值法必然导致误差较大，甚至可能无法通过显著性检验；其三是可以对曼奎斯特指数进行分解，进而找出致使中国狭义经济增长质量不高的具体因素。

以 1990—2014 年为研究的时间区间，在考虑技术进步及规模报酬可变的前提下，采用基于数据包络分析的曼奎斯特指数测算了中国在此期间的经济增长质量指数变化，并将曼奎斯特指数（MI）分解为三个部分：技术进步（TCP）、纯技术效率（PTEC）和规模效率（SEC）。对曼奎斯特指数的分解能够清晰地反映狭义经济增长质量的内在变化机制。使用 DEAP 2.1 软件进行测算，具体结果如表 3.1 所示。

表 3.1　1990—2014 年中国经济增长质量指数及分解

年份	MI	TCP	PTEC	SEC	年份	MI	TCP	PTEC	SEC
1990	1.000	1.000	1.000	1.000	2007	1.042	1.039	0.992	1.011
1991	1.038	1.027	0.988	1.023	2008	1.021	1.029	1.001	0.991
1992	1.068	1.098	0.998	0.975	2009	1.017	1.013	0.995	1.009
1993	1.046	1.020	0.993	1.033	2010	1.026	1.054	0.982	0.991
1994	1.028	1.002	0.989	1.038	2011	1.022	1.024	1.001	0.997
1995	1.020	0.990	1.010	1.020	2012	1.008	0.994	1.017	0.997
1996	1.022	1.046	0.992	0.984	2013	1.018	0.949	1.038	1.034
1997	1.021	1.033	0.990	0.998	2014	1.039	1.042	1.002	0.995
1998	1.022	1.019	1.014	0.989	1990—1999 均值	1.028	1.027	0.998	1.004
1999	1.018	1.031	1.005	0.982	2000—2009 均值	1.021	1.031	0.993	0.998
2000	1.025	1.070	0.976	0.981	2010—2014 均值	1.022	1.012	1.008	1.003
2001	1.020	1.045	0.977	0.999	1990—2014 均值	1.024	1.026	0.998	1.001
2002	1.022	1.038	0.974	1.010	1990—1999 标准差	0.020	0.029	0.012	0.007

表3.1(续)

年份	MI	TCP	PTEC	SEC	年份	MI	TCP	PTEC	SEC
2003	1.009	1.029	0.982	0.998	2000—2009 标准差	0.013	0.023	0.009	0.014
2004	1.005	0.999	1.016	0.990	2010—2014 标准差	0.011	0.021	0.007	0.008
2005	1.023	1.008	1.000	1.015	1990—2014 标准差	0.016	0.025	0.010	0.011
2006	1.030	1.042	1.012	0.977					

根据表3.1的数据，可以得出以下三点结论：

结论1：据曼奎斯特指数均值可以看出，1990—2014年中国经济增长质量指数的均值为1.024，即经济增长质量指数以年均2.4%的速度增长；反观GDP增长率，1990—2014年中国GDP的年均增长率为9.85%。由此可见，经济数量扩张与质量提升的速度存在明显的不匹配现象，仅以经济增长数量来看会过于高估中国的增长成绩。这进一步印证了经济新常态时期中国经济增长需要以经济增长质量与效益为中心。经测算得出的曼奎斯特指数的变化趋势，可以划分为三个时间段：1990—1999年、2000—2009年及2010—2014年。其中，1990—1999年中国的年均经济增长质量增长速度在三个时间段中最高，平均增速达2.8%；2000—2009年中国的年均经济增长质量增长速度为2.1%，在三个时间段中最低；而2000—2009年中国GDP的年平均增长速度为10.29%，高于1990—1999年的年均增速。这说明2000—2009年中国的经济增长质量与数量增速的不匹配现象非常严重。2010—2014年中国的年均经济增长质量增速为2.2%，高于2000—2009年的年均增速，同时，2010—2014年中国GDP的年平均增长速度为8.56%，低于2000—2009年的GDP年均增长速度，这说明相比与前一个时间段，2010—2014年经济增长质量与数量的增速差距开始缩小。由此可知，2010年以来，中国致力于优化升级产业结构、转变经济增长方式，从传统的要素驱动、投资驱动转向创新驱动已初见成效，经济的数量规模扩张逐步放缓，经济的质量水平增速提高，这为经济新常态时期中国经济增长质量的进一步提升打下了良好的基础。

结论2：据曼奎斯特指数的标准差可以看出，1990—2014年中国经济增长质量指数的标准差为0.016，而1990—1999年经济增长质量指数的标准差为0.020，高于1990—2014年的标准差。这表明1990—1999年中国的经济增长质量指数波动较大。随后的两个时间段经济增长质量指数的标准差分别为0.013和0.011，均低于1990—2014年的标准差，这表明这两个阶段中国的经济增长质量指数波动较小。结合2010—2014年经济增长质量提升速度逐步加快，可知2010年之后中国经济增长质量不仅有小幅的逐步改善，而且这种改善的趋势波动较小、比较稳定。

结论3：据曼奎斯特指数的分解结果可以看出，在技术进步、规模效率与纯技术效率的比较中，1990—2014年对经济增长质量贡献最大的是技术进步（TCP），绝大多数年份数值都大于1，平均值达到1.026，对经济增长质量起到比较显著的提升作用，而技术效率的规模效率（SEC）均值为1.001，对经济增长质量既不促进，也无阻碍。技术效率的纯技术效率（PTEC）平均值为0.998，对经济增长质量有轻微的遏制作用。2000—2009年对经济增长质量具有明显正向贡献的仍是技术进步（TCP），平均值为1.031，超过整个期间的均值，而PTEC均值是0.993，对经济增长质量遏制作用增强。SEC均值是0.998，对经济增长质量由轻微促进转向轻微阻碍。2010—2014年相较于上期，PTEC和SEC对经济增长质量的贡献明显增强，TCP的促进作用有所减缓，整体来看，经济增长质量趋好。

综上可知，技术进步是中国经济增长质量提升的主要动力，而纯技术效率和规模效率对中国经济增长质量贡献不明显。新常态时期，不仅要注重高级要素的集聚，减少要素流动限制（因为高级要素的集聚可规避规模效率的损失，从而使技术效率和技术水平得以提高），而且必须重视提升纯技术效率；这就要求在增长中加快转变投资结构、加大对人力资本投资力度、注重提升自主创新能力、加快技术引进以获得技术的外溢效应等。只有促进技术进步、提高规模效率与纯技术效率三者并举，才能不断改善经济增长质量，使中国经济向又好又快的方向发展。

3.4 本章小结

本章使用基于数据包络分析法的曼奎斯特指数对1990—2014年狭义视角下中国经济增长的质量进行了评价及分析。结果显示：近年来狭义经济增长质量在逐步改善，但改善的幅度不大，且改善的速度滞后于经济的数量增速；将曼奎斯特指数分解为技术进步、规模效率和纯技术效率三个因素，结果表明狭义经济增长质量改善主要依赖的是技术进步，而规模效率与纯技术效率的贡献不显著。因此，应着力增强自主创新能力，加强技术创新力度，促成技术进步、规模与纯技术效率的均衡提升来促进未来中国经济增长质量的稳步改善。

4 广义视角下的中国经济增长质量评价

广义视角下的经济增长质量是一个复合型概念，除包括经济增长的效率之外，还应包括经济运行的成本、经济运行的特征以及经济运行后的结果与前景等。因此，广义视角下的经济增长质量评价需首先明确其内涵，然后建立一个多维度、多指标的评价指标体系，最后选用集成评价方法对各指标值进行集成以获得综合评价指数。因此，正确评价经济增长质量的关键在于两点：其一，内涵的界定与指标的选取；其二，合适评价方法的选择，“使方法正确”。软集合方法能有效处理小样本、多属性且部分属性存在高度相关性的评价问题，这恰恰与广义视角下中国经济增长质量评价问题的样本数据小、指标多且部分指标高度相关的特征相吻合。本章在界定广义经济增长质量内涵与构建相应评价指标体系的基础上，利用软集合多指标合成技术对中国广义视角下经济增长质量的评价问题展开了研究。

4.1 经济增长质量内涵界定

要弄清经济增长质量的含义，须探究“质量”一词的定义。关于“质量”有两层含义：其一是“物体所含物质的数量称为质量，是度量物体在同一地点重力势能和动能大小的物理量”。这属于物理学上的概念，与本研究无关。其二是“产品或工作的优劣程度”。经济活动作为生产物品与劳务的整体性活动，是实现经济增长的手段，其质量问题应隶属于工作质量的范畴。因此，可将经济增长质量的概念定义为：在一个较长的时间跨度上，一个国家或地区实现经济总量增长过程中经济活动的优劣程度。同时，对于这种优劣程度的综合评判需要考虑经济新常态的特定语境。在经济新常态下，面临亟待解决的问题有生产能力严重过剩、生态破坏和环境污染、内需增长速度相对缓慢、经济结构失衡、外需增长乏力以及进出口方面的失衡、收入分配差距过大等（齐建国，2015）。为解决这些矛盾和问题，需从经济、社会与生态环境三个方面着力统筹。因此，经济增长质量应该是经济、社会与生态环境耦合系统的协同发展，即在经济运行过程中，经济增长成本不断降低、经济结构不断优化、经济创新驱动能力不断凸显与经济运行趋于稳定；在经济运行后，居民福利水平逐渐提高，自然资源与生态环境对增长具有包容性。根据经济增长质量的概念梳理，本章从六个维度概括与阐释经济增长质量的内涵，即经济增长的效率性、经济结构的趋优性、经济系统的稳定性、经济驱动的创新性、经济福利的共享性以及资源环境的包容性。一个经济体高质量的经济增长应具有如下特征：经济增长效率高，尤其是全要素生产率的贡献大；宏观经济结构趋优，包括产业结构、投资消费结构、城乡二元结构等得到“纠偏”并不断优化；经济波动小，增长平稳，经济周期性波动被烫平；创新对经济增长贡献大，增长呈现“创新驱动型”；社会福利水平明显提高，居民收入差距持续缩小，尤其是城乡居民收入差距明显缩小，发展成果惠及全体国民；经济增长的环境成本低，经济与生态环境相互包容，增长具有可持续性。

4.1.1 经济增长的效率性

经济增长效率即投入产出比率，是指在经济增长过程中各种要素投入与总产出的比值，它反映了生产要素转化为产出的有效性。经济增长效率是经济增长质量内涵的核心。从投入的角度来看，增长效率就是单位产出的各种要素资源消耗的变化，单位产出的资源消耗越低，经济增长质量越高。同理，从产出角度来看，增长效率则表示等量要素投入带来的产出变化，若等量投入带来的产出增加，则经济增长质量提高。无论从投入还是从产出的角度界定，经济增长效率都与经济增长质量正相关，经济系统中增长效率越高，则经济增长质量越高。增长效率是揭示增长质量的有效手段，是经济可持续稳健增长的重要前提。

根据经济增长因素分析理论，在其他因素保持不变的情况下，驱动经济增长的因素可以分为两类：一类是要素投入的数量扩张，另一类是要素生产效率的提高。其中要素生产效率又可以细分为单要素生产率（SFP）和全要素生产率（TFP）。单要素生产率是产出量与某个特定生产要素投入量之比。常见的单要素生产率有劳动生产率和资本生产率，它们是传统的衡量经济增长效率的指标，其缺陷在于不能很好反映生产率的全部变化。

全要素生产率是指各种资源要素总投入与总产出的比值，是针对全部投入要素进行测算，将之加权综合后形成综合投入的产出效率。与单要素生产率相比较，全要素生产率更能客观地衡量全部要素投入量的节约程度，且更能准确反映经济综合效益。全要素生产率是产出增长率超出要素投入增长率的剩余部分，被称为“索洛剩余”。其来源包括技术进步、规模经济、制度创新、科学管理等。全要素生产率不仅是分析经济增长源泉的重要工具，也对经济增长质量状况的衡量举足轻重。

根据影响经济增长的两类因素在经济增长中所起的作用，可将经济增长方式分为两类。如果主要依靠增加生产要素量的投入来扩大生产规模、推动经济增长，则为粗放型（数量型）经济增长方式；如果主要依靠提高生产要素的质量和利用效率即全要素生产率来推动经济增长，则为集约型（质量型）经济增长方式。基于全要素生产率的测算，克鲁格曼对第二次世界大战后的“东亚经济奇迹”提出质疑，认为东亚一些经济体的经济高速增长主要来自“汗水变量”（要素投入的增长），而不是“灵感”（效率的提升）（世界银行，1995）。经济增长方式转变就是从数量型向质量型的转变，质量型经济增长的前提是要素生产率的提高。

虽然全要素生产率被广泛地当作衡量经济增长质量的重要乃至唯一指标，但是它也有其局限性，主要为两个方面：第一，全要素生产率是产出增长中不能用要素投入增长来解释的部分，是一个“黑匣子”，迄今为止，还没有达成广泛共识的测算方法，目前流行的测算方法都存在固有缺陷（郑玉歆，2007），且不同的方法测算出来的结果经常差别很大，甚至大相径庭；第二，经济增长质量是一个综合性概念，对它的评价应该是一个多层面、多角度的综合评价体系，全要素生产率属于单一的效率维度，无法反映经济增长质量的全貌。

4.1.2 经济结构的趋优性

宏观经济结构是指国民经济的组成和构造，主要包括产业结构、投资消费结构、金融结构、城乡二元经济结构和国际收支结构（任保平，2015）。历史经验表明，在不同的国家、不同的经济增长阶段，经济结构一般不同。结构性问题是经济增长方式从数量型向质量型转变面临的根本性问题，合理的经济结构是经济增长质量的内在保障，它使各种要素资源得到有效配置，释放更多“结构红利”，经济增长质量因此而自发提升。

相反，经济结构失调会给经济增长带来一系列消极后果。譬如，产业结构不协调会引起供需失衡，第二产业比重偏高会产生供给缺口，导致工业品相对过剩及生产能力闲置。同样，第三产业比重过低则会产生需求缺口，消费者的服务需求得不到满足，抑制整个社会效用水平的提升。需求结构不协调，如投资需求旺盛和消费需求不足，会造成短期内由投资冲击导致的经济过热和消费需求相对不足导致的经济过冷的冷热交替，从而使经济增长水平大幅波动且不可持续。城乡二元经济结构失衡会导致内需不足且有悖于社会公平，影响社会稳定。

在宏观经济结构中，对国民经济起主导作用的是产业结构。产业结构的变迁对经济增长有举足轻重的影响。若产业结构趋于合理，则要素资源的配置效率就会提高，从而促进经济快速持续稳定增长；若产业结构不合理，则无效投入增加，有效产出不足，资源配置效率低下，会导致经济增长缓慢甚至停滞或衰退。第一、第二和第三产业比例及产业内部的协调，区域产业发展上的合理分工，不仅是经济高质量增长的体现，也是提高经济增长质量的必要前提。

一个国家的产业结构与其要素禀赋结构息息相关。在经济发展的早期阶段，劳动力比较富余，而资本相对短缺，其结果是第一产业在整个国民经济中所占比重很大。随着经济发展水平的提高，资本与劳动力的相对丰裕程度发生改变，资本变得越来越便宜，劳动力越来越贵，资本密集型、技术密集型产业替代部分劳动密集型产业，产业结构升级，第一产业比重下降，第二产业比重大幅上升。当劳动力的边际生产力逐渐提高，收入和消费水平相应提升，劳动力从第二产业向第三产业转移，第三产业在整个国民经济中所占比重越来越大，成为拉动经济进一步增长的新增长极。我国长期奉行重工业优先发展的赶超型战略，违背了我国现实的要素禀赋结构，致使产业结构畸形扭曲，经济增长质量水平必然不高。

宏观经济结构中第二个重要层面是投资消费结构，即需求结构。需求首先分为内需和外需。内需又细分为投资需求和消费需求，外需即为出口。投资、消费和出口是驱动经济增长的三大原动力。拉动内需、扩大国内消费市场需要投资需求和消费需求协调发展。当今世界各国经济联系日益密切，经济全球化趋势加速发展，中国经济开放程度日趋加深，外需对经济增长的贡献在逐步加大，优化外需结构对经济平衡稳定增长、提升经济增长质量具有重要作用。

宏观经济结构的其他方面有金融结构和城乡二元经济结构等。金融结构的作用在于破除要素转移障碍，促使资源要素从配置效率低的地方转移到配置效率相对高的地方，是经济运行的助推器和润滑剂。优化升级金融结构，有利于资本等要素的自由流动，为实体经济发展注入活力，助推经济高质量发展。宏观经济结构的另一方面是城乡二元经济结构，一般是指以社会化生产为主要特征的城市经济和以小生产为主要特征的农村经济并存的经济结构，主要表现为户籍壁垒和资源配置过多向城市倾斜等。我国长期存在的城乡二元经济结构不仅使城乡居民长期处于不平等状态，贫富差距不断扩大，而且也不利于资源的科学配置以发挥最佳经济社会效益。因此，要解决城乡二元经济结构的问题，需要将割裂的城市和农村两个市场联系起来，有利于提高要素配置效率，而且在此过程中创造的巨大就业空间和催生的新需求可以吸纳农村剩余劳动力，带动农村发展，缩小城乡发展差距，实现地区产业结构转型升级。这对推动国民经济良性循环和社会协调发展，提升经济增长质量和效益，无疑都具有重大的意义。

4.1.3 经济系统的稳定性

经济系统的稳定性是构成经济增长质量内涵的一个非常重要的理论维度，经济保持稳健增长是质量型增长的必要前提。与之相反，经济过度波动对经济运行的动态效率十分有害：一是破坏了经济长期稳定增长的内在机制，致使供求关系紊乱，造成社会资源的巨大浪费，影响经济增长的可持续性；二是加大了宏观经济运行的潜在风险，经济过热往往会引发通货膨胀，经济转冷又会导致高失业率；三是导致整个社会预期不稳定，经济行为短视。此外，它对人们特别是穷人会造成超乎常规的影响，其中一方面是因为穷人几乎没有预防性储蓄来应对经济的冲击，想要维持消费水平的稳定遇到的困难会比富人更多，在那些社会安全网络还不太健全的国家，这种影响可能尤为严重（Furman & Radelet，1998）。另一方面是由于替代性选择的匮乏，穷人从事的往往是那些最容易受到经济波动影响的工作，譬如农业与建筑业。因此，一场经济危机会严重恶化他们的人力与自然资产，并使他们在随后的繁荣中也无法获得好处。

考察经济系统稳定性可以从三个方面出发：产出稳定、价格稳定和就业稳定。三者是一脉相承的，其中产出稳定居于核心地位。产出稳定是指实际产出在潜在产出附近窄幅波动，也即产出缺口小，资源获得充分利用。产出稳定能够烫平经济周期波动，抑制增长过程中的大起大落，提高经济增长质量。反之，经济增长剧烈波动会造成产出不可弥补的巨大损失。经济增长率过高必然导致通货膨胀，经济增长率过低则会引发通货紧缩，使得价格变化频繁且无规律，极大削弱了市场调节手段的有效性，破坏了资源配置的基础。价格是市场经济资源配置的信号灯，价格剧烈波动不利于形成稳定的市场预期，生产者和消费者无法通过价格信号来掌握各种商品的需求规律，造成生产和消费紊乱。因此，稳定价格水平，可以最大限度地发挥市场对资源配置的调节作用，提高资源利用的效率，提升经济增长质量水平。稳定就业，实现劳动力合理充分利用是各国追逐的重要宏观经济目标之一，不仅与经济增长紧密相关，而且影响社会民生。就业率大幅度下降会引起社会有效需求不足，资源闲置程度上升，增加了社会成本，导致经济衰退。失业率飙升则会导致社会收入差距拉大，加剧贫富差距，甚至引起社会震荡，危及社会稳定。因此，就业稳定是构成经济系统稳定性的重要一环，也是质量型经济增长的显著标志。

经济系统是一个多输入（资本、劳动、自然资源、技术等）多输出（商品、劳务等）系统。高稳定性意味着经济系统鲁棒性好，它可以大幅度降低外部扰动、经济参数变化等增长过程中不可避免的不确定性带给宏观经济运行的潜在风险，是经济质量型增长的重要保障。

4.1.4 经济驱动的创新性

从生产要素的角度出发，经济增长大致受制于以下几个方面：生产要素、产业结构、技术进步和制度创新。经济增长过程中的创新主要是指技术创新与制度创新。创新是经济增长新的强大“引擎”。习近平主席在2014年亚太经合组织（APEC）工商领导人峰会上提出，在经济新常态下，我国经济增长要从传统的要素驱动、投资驱动转向创新驱动。

技术创新是指生产技术的创新。假定各种要素投入不增加，产业结构与制度维持不变，若技术进步，就能取得较高的生产效率，从而使产出增加，经济不断增长。资本积累、产业结构升级与制度完善一定程度上受制于技术变迁的可能性与速度。首先，技术快速变迁可以改变资本边际报酬递减的状况，使得资本边际报酬递增，从而维持较高资本积累的积极性。其次，技术创新可以导致一些新兴产业和高附加值产业的出现，推动整个产业结构升级和培育新的经济增长点。最后，技术变迁的可能性和速度影响制度的完善。经济基础决定上层建筑，而技术进步在不同方面能够改变经济基础，进而对制度的完善产生影响。技术进步的来源主要存在两种途径：其一是本土进行的自主研发；其二是通过吸引外商直接投资（FDI）以获取技术外溢或技术引进。自主研发程度一般用R&D资金投入占GDP比重来衡量，而技术引进采用FDI流量占全社会固定资产投资流量比重来衡量。对于发展中国家来说，从发达国家引进先进技术和经验，或引入外资，利用外资企业技术溢出效应，充分运用后发优势，可以迅速且低成本地实现技术创新。

技术创新可视为各种生产要素的重新组合，这种新组合大大提高了资源配置和利用效率，有利于打破资源、人口等因素的瓶颈约束，保持经济增长的可持续性。因此，在某种程度上，加大技术创新力度是实现经济质量型增长的唯一出路。

与技术创新同等重要的是制度创新，包括一系列政治、经济、法律和管理等制度的改革和完善。根据新制度经济学派的观点，制度的变迁是经济增长的唯一源泉，尤其是有效产权制度的建立和完善更是促进经济增长的决定性要素，而资本、劳动和技术与其说是经济增长的原因，还不如说是经济增长本身的内容。制度创新的基本内容是“使制度正确”，就是要建立运转良好的社会经济秩序，节约交易成本和降低交易中的不确定性，形成完善的社会激励机制，是孕育高水平经济增长质量的最重要土壤。

从我国经济增长的历史经验来看，制度的变迁往往会释放更多的“改革红利”，促使形成经济新的增长极。譬如我国改革开放后实施的农村家庭联产承包责任制度和国企产权制度改革明晰了产权关系，形成了正向的激励，提高了经济效率。制度创新的驱动力来源于实施新制度时所获得的“制度红利”，即制度改革形成的预期收益。制度变革会引起社会利益的重新分配，但只要改革利益足够大，就可以用改革收益的一部分来补偿改革损失，从而实现所谓的“卡尔多-希克斯改进”（孙蕾，2008）。对于制度创新的量化，可以用市场化程度等指标来衡量。市场化率越高，说明制度创新力度越大。

创新是实现经济持续稳步增长的“熊彼特动力”，也是当今我国在资源约束日趋强化、人口红利逐渐消失、规模红利不再的经济新常态下实现经济增长方式由数量型向质量型转变升级的根本出路。

4.1.5 经济福利的共享性

经济福利共享是指经济发展成果由全体国民分享，经济增长的最终目的是发展和改善民生，提高人民的生活水平。只有当经济增长成果能被绝大多数人共享时，增长才是健康的、持续的。反之，若单纯追求经济的数量增长，不注重增长过程中的福利分配问题，必将造成内需不足，贫富两极分化，人力资本投资不足，落入所谓的“中等收入陷阱”，甚至可能引发社会冲突，破坏社会稳定和秩序。经济福利的共享性是经济增长质量水平较高的重要特征，其作用主要表现在三个方面：其一，经济福利分配平等有利于营造和谐的社会环境，有利于形成稳定的收入预期，降低持币待购意愿，减少预防性储蓄，增加即期需求，从而扩大内需；其二，由于穷人往往从事的是劳动密集型产业，议价能力不强，因此，推动福利分配的平等性或益贫性就显得非常重要，它有助于放松借贷约束，增加人力资本投资，尤其是对教育的投入，而这种投入可以使人力资本“均化”，从而提高要素利用效率，促进技术创新和产业结构升级（张国强 等，2011）；其三，“不患寡而患不均”，经济福利分配平等体现社会公平，能够缩小贫富差距，减少极端贫困，减少寻租空间，有利于维护社会稳定及构建和谐社会。

发展经济学家总结了两种经济福利分配模式：第一种是“先增长、后分配”模式，在经济增长早期容忍收入差距的持续扩大，直至达到“库兹涅茨拐点”，政府再出面解决收入差距过大的问题；第二种是“边增长、边分配”模式，在经济增长的同时，政府通过做好顶层设计，使得收入差距较低且可控。在当今我国贫富差距过大的情况下，要想实现经济增长有质量、有效益、可持续，必须实施第二种模式，让经济增长与福利共享协同进行，不能偏废。

4.1.6 资源环境的包容性

自然资源的枯竭和生态环境的恶化会造成人们生活质量的迅速下降。而无论是数量型经济增长，还是质量型经济增长，其最终目的都是改善民生。因此，对经济增长质量的评价绝不能忽略增长过程中所带来的资源环境代价。资源环境代价包括资源消耗和生态污染。资源消耗是自然资源如能源、矿产、耕地等作为生产要素投入产生的消耗；生态污染是经济增长过程中产生的负外部性，主要包括空气污染、水污染和固体废弃物污染。能源、原材料、水、土地等自然资源是人类赖以生存和发展的基础，是经济社会可持续发展的重要物质保障。我国过去实行的“高投入、高消耗、高排放、不协调、难循环、低效率”的粗放型经济增长方式，虽然推动了经济高速增长，但也为之付出了相当大的资源环境代价，能源、资源的巨大消耗使得“瓶颈”约束加剧，致使经济增长因为资源环境的“短板效应”而陷入停滞。重视增长过程中的资源环境代价问题，并把它作为经济质量构成的一个关键维度无疑具有理论与实践的双重意义。

资源环境包容性是区分经济数量型增长和质量型增长的一个关键维度。以牺牲资源环境为代价换取经济高速增长的增长模式被视为数量型增长，往往发生在经济增长中资源约束不强的早期阶段，这种增长模式被证实是不可循环的因而也是不可持续的，它会使经济增长的不稳定性增加，成本大幅度提高，经济增长成果贬值。质量型增长是资源节约型、环境友好型增长。经济社会中资源的存量和环境的承载能力是有限的，资源的消耗超过一定限度时就会制约经济的进一步增长。这时必须着力推进数量型经济增长方式向质量型经济增长方式转变，才能解除经济增长所面临的资源环境桎梏。

经济增长高质量的一个显著特征是具有可持续性。可持续增长的基点是经济增长既要满足当代人的需求，又要兼顾后代人的利益，为未来的发展留有空间。《增长的极限》一书中指出，经济增长的极限正是资源环境承载能力的极限（Meadows et al., 2005）。因此，降低生态环境代价、实行绿色低碳循环的经济增长方式是促进经济可持续增长、实现增长向质量型转变的基本要求和重要途径。

4.2 经济增长质量评价指标体系构建

在经济增长质量评价实践中，选择合适的指标是测度经济增长质量的基础。然而任何单个经济指标的变动都不足以反映经济的真实质量状况。只有综合各维度下各个具体指标的变动，用系统的方法构建评价指标体系，才有可能把我国经济整体质量状况描述清楚。因此，建立一套合适的经济增长质量评价指标体系，是广义视角下经济增长质量正确评价及分析的基础。本章对经济增长质量的评价是基于多指标分析展开的。据上文对经济增长质量内涵的考察，可以设计与之相应的统计指标体系。在建立经济增长质量评价指标体系时，需遵循几个基本原则：

①科学性原则

指标体系的设计及指标的选择必须以符合经济增长质量的科学内涵为依据，能够客观真实且无重复、无遗漏地反映经济增长质量的特点和状况。

②系统性原则

各指标之间要有一定的逻辑关系，各指标能够从不同侧面反映经济增长质量的主要特征和状态，同时指标体系的构建要具有层次性，自上而下，由笼统到具体，形成一个不可分割的评价体系。

③典型性原则

评价指标应具有一定的代表性，能够尽可能准确地反映经济增长质量在某特定层面的综合特征。

④相对性原则

应该选取相对指标或将绝对指标转化为相对指标。使用相对指标评价经济增长质量，目的在于消除由于经济初始水平差异而产生的干扰，能更加真实地度量经济增长质量水平。相对指标主要指指数、比率等。

⑤可比性原则

可比性是指设置指标时应考虑时间、单位、方法及国际惯例等因素，以便于横向比较。

⑥可操作性原则

经济增长质量评价指标体系中包含的指标应定义清晰，相应数据应易于获得与处理，可操作性强。

在充分考虑数据可靠性与可得性的基础上，借鉴广义经济增长质量测度指标体系研究的一些代表性成果（赵英才 等，2006；李俊霖，2007；钞小静 等，2011），选择各个维度中具有较高代表性与可比性的核心指标作为基础测度指标，具体如表 4.1 所示。

表 4.1　中国经济增长质量指标体系构建

指标类型	一级指标	基础指标	指标代码	指标属性
效率性指标		劳动生产率	e_1	正向指标
		资本生产率	e_2	正向指标
		全要素生产率	e_3	正向指标
趋优性指标	产业结构	产业结构偏离度	e_4	逆向指标
	投资消费结构	投资消费比	e_5	适度指标
	城乡二元经济结构	二元对比系数	e_6	正向指标
	金融结构	私企信贷的 GDP 占比	e_7	适度指标
	国际收支结构	短期外债占比	e_8	适度指标
稳定性指标	产出波动	经济增长波动率	e_9	逆向指标
	价格波动	通货膨胀率	e_{10}	适度指标
	就业波动	城镇登记失业率	e_{11}	适度指标
创新性指标	技术创新	R&D 投入/GDP	e_{12}	正向指标
		FDI 流量/固定资产投资	e_{13}	正向指标
	制度创新	市场化率	e_{14}	正向指标
共享性指标	福利变化	人均受教育年限	e_{15}	正向指标
		每万人口卫生技术人员数	e_{16}	正向指标
	成果分享	基尼系数	e_{17}	适度指标
		城乡居民收入比	e_{18}	逆向指标
		省际人均 GDP 极值比	e_{19}	正向指标

表4.1(续)

指标类型	一级指标	基础指标	指标代码	指标属性
包容性指标	资源消耗	单位产出能耗	e_{20}	逆向指标
		能源消耗弹性系数	e_{21}	逆向指标
	生态污染	单位产出废气排放量	e_{22}	逆向指标
		单位产出废水排放量	e_{23}	逆向指标
		单位产出固体废物排放量	e_{24}	逆向指标

4.2.1 效率性指标

经济增长效率是指将各种要素投入转化为实际产出的有效性。根据柯布-道格拉斯（C-D）生产函数，投入产出率由劳动利用率、资本利用率和广义的技术进步共同决定。因此，可以选择劳动生产率、资本生产率和全要素生产率三个指标作为经济增长效率性的测度指标。

4.2.1.1 *劳动生产率*

劳动生产率主要反映全社会劳动者平均创造的价值，即国内生产总值GDP与全社会从业人员的比值。具体计算公式为

$$\mathrm{RL}_t = \frac{\mathrm{GDP}_t}{L_t} \tag{4.1}$$

其中 RL_t 代表第 t 年劳动生产率；GDP_t 代表第 t 年的国内生产总值；L_t 代表第 t 年的全社会从业人员总数。

劳动生产率的高低标志着单个劳动者平均为社会创造财富数量的多少。它是衡量劳动力要素质量的重要参考指标，同时，也是评价经济增长质量的重要指标。若劳动生产率持续上升，则表明经济增长质量也在不断改善；若劳动生产率停滞或下降，则表明经济增长质量状况不好。

4.2.1.2 *资本生产率*

资本生产率主要反映单位资本投入所创造的产出价值，即国内生产总值GDP与全社会固定资产投资额（存量）的比值。具体计算公式为

$$\mathrm{RK}_t = \frac{\mathrm{GDP}_t}{K_t} \tag{4.2}$$

其中 RK_t 代表第 t 年的资本生产率；GDP_t 代表第 t 年的国内生产总值；K_t 代表第 t 年的全社会固定资产投资额（存量）。

资本生产率越高，说明单位资本投入所带来的产出越高。资本生产率的变

化是衡量资本要素质量是否得到改善的重要参考指标，同时，也是衡量经济增长质量状况的重要指标。资本生产率逐渐提高，说明资本的投入产出质量逐渐提升，表明经济增长质量状况得到改善；资本生产率降低，表明经济增长质量状况较差。

4.2.1.3 全要素生产率

全要素生产率，即全部投入要素的产出率。它主要反映技术进步、组织创新、专业化与生产创新等非物质要素投入对产出的影响。根据定义，其计算公式为

$$\mathrm{TFP}_t = \frac{\mathrm{GDP}_t}{r_t(K_t,\ L_t)} \tag{4.3}$$

其中 TFP_t 表示第 t 年的全要素生产率；GDP_t 表示第 t 年的国内生产总值；$r_t(K_t,\ L_t)$ 表示第 t 年的全部要素投入量；K_t、L_t 分别表示第 t 年的全社会固定资产存量和全社会从业人员总数。

全要素生产率在本质上很好地契合了经济增长质量。一切影响全要素生产率的因素都会对经济增长质量产生相应的影响。若 TFP_t 逐年提高，则表明经济增长质量也在不断提高与逐步改善；TFP_t 降低，则表明经济增长质量水平呈现逐步下降的态势。

由于已有的广义经济增长质量评价研究广泛使用柯布-道格拉斯生产函数与索洛方程来估算全要素生产率，同时该方法仅涉及资本、劳动与国内生产总值三个指标，这些指标数据较多且相对完整，可以适当延长研究的时间区间使之变为大样本，能够采用索洛方程这种传统回归方法，本章也用此来估算全要素生产率。假定仅有资本 K 和劳动 L 两种生产要素，且这两种要素能够互相替代；同时假定经济发展处于完全竞争状态，生产要素 K 与 L 都以边际产品作为报酬，且在任何时候都能得到充分利用；技术进步呈中性，即 K/L 不变时，$\partial_L Y/\partial_K Y$ 也保持不变。由于采用柯布-道格拉斯生产函数 $Y = AK^{\alpha}L^{\beta}$，其中 Y 表示 GDP，A 表示全要素生产率，K 表示资本存量，L 表示劳动力人数。因此，全要素生产率可表示为 $\mathrm{TFP} = A = Y/K^{\alpha}L^{\beta}$。由丁伯根对柯布-道格拉斯生产函数所做的改进，将 A 换成一个随时间变化的动态变量 $A(t)$，并认为 $A(t) = Ae^{rt}$，即 $Y = Ae^{rt}K^{\alpha}L^{\beta}$，由此可得包含技术进步的经济计量模型：$Y = A_0e^{rt}K^{\alpha}L^{\beta}e^{u}$，其中 A_0 表示基期的技术水平，r 表示技术进步率，t 表示时期，u 表示误差，α 与 β 分别表示资本和劳动的产出弹性，且 $\alpha + \beta = 1$。为了得到线性回归模型，可对等式两边取自然对数

$$\ln Y = \ln A_0 + rt + \alpha \ln K + \beta \ln L + u \tag{4.4}$$

对上式两边关于 t 求导，即可得到索洛增长速度方程，并通过变形可得

$$r = \frac{\mathrm{d}Y/\mathrm{d}t}{Y} - \alpha\frac{\mathrm{d}K/\mathrm{d}t}{K} - \beta\frac{\mathrm{d}L/\mathrm{d}t}{L} \tag{4.5}$$

为了进行经验分析，需要对上式进行离散化处理，令 $\mathrm{d}t = 1$，可得 $r = \frac{\Delta Y}{Y} - \alpha\frac{\Delta K}{K} - \beta\frac{\Delta L}{L}$，并可将此式简化表示为：$r = \mathrm{RY} - \alpha\mathrm{RK} - \beta\mathrm{RL}$。

式中 RY、RK、RL 分别表示产出、资本与劳动投入的增长率。其中 r 表示产出增长中不能被要素投入所解释的部分，也即全要素生产率增长率。通过对此式进行回归，即可得到全要素生产率增长率 r。

求出 α、β、$\ln A_0$、r 之后，即可分别算出资本、劳动要素投入与全要素生产率对经济增长的贡献率大小。资本投入对经济增长的贡献 $E_K = \alpha\mathrm{RK}/\mathrm{RY}$，劳动投入对经济增长的贡献 $E_L = \beta\mathrm{RL}/\mathrm{RY}$，TFP 对经济增长的贡献 $E_A = 1 - E_K - E_L$。

4.2.2 趋优性指标

资本经济结构趋优是指经济结构在增长过程中不断地优化升级、日趋协调。经济结构的优化能够有效改变经济增长的动力机制。根据经济结构的具体内涵，可分别从产业结构、投资消费结构、城乡二元经济结构、金融结构和国际收支结构五个分项来对其进行度量。本章部分借鉴赵宁（2012）和任保平（2015）的研究成果，分别选择产业结构偏离度、投资消费比、二元对比系数、私企信贷的 GDP 占比以及短期外债占比作为具体的衡量指标。

4.2.2.1 产业结构偏离度

产业结构偏离度是指各产业增加值的比重与相应的劳动力比重的差值。三大产业的劳动生产率存在差异，致使某个产业的增加值占 GDP 的比值与该产业的就业人数占总就业人数的比值不同，这就是产业结构偏离度，它是测量产业比重与就业比重差异的指标。产业结构的“纠偏”，尤其是对于发展中国家来说，是产业结构不断趋于优化的重要内容之一。研究者一般采用结构偏离度对产业结构合理性进行衡量。干春晖等（2011）定义了衡量产业结构偏离度的泰尔系数，他们认为泰尔系数是产业结构合理化的更好度量指标，原因在于该指数不仅考虑了产业的相对重要性并避免了绝对值的计算，而且还保留了结构偏离度的理论基础与经济含义。其计算公式如下

$$\mathrm{TL} = \sum_{i=1}^{n}\left(\frac{Y_i}{Y}\right)\ln\left(\frac{Y_i}{L_i}\Big/\frac{Y}{L}\right) \tag{4.6}$$

式中 TL 代表产业结构偏离度；Y_i 代表第 i 产业增加值；L_i 代表从事第 i 产业的劳动力人数；Y 代表国内生产总值 GDP ；L 代表各产业劳动力人数之和；n 代表产业部门数。

若国民经济中各产业都完全开放，且各产业间没有行政壁垒，呈现出完全竞争状态，则通过市场自发力量对劳动力资源进行重新配置，会致使各产业的生产逐渐趋于一致，TL 逐步趋于零，即达到经济均衡状态。但在现实中经济的非均衡现象是一种常态，在发展中国家中更加突出，因而 TL 值是不可能为 0 的。TL 值越小，则说明就业结构与产值结构越对称，产业结构越合理，效益越高，经济增长质量状况也越好。

4.2.2.2 投资消费比

投资消费比是投资率与消费率的比值，它是衡量投资消费结构合理性的代表性指标。其计算公式为

$$ICR = \frac{I/Y}{C/Y} = \frac{I}{C} \tag{4.7}$$

式中，ICR 表示投资消费比；I 表示资本形成总额；C 表示最终消费支出；I/Y、C/Y 分别表示资本形成率和最终消费率；Y 表示国内生产总值 GDP。

理论上，索洛模型、菲尔普斯黄金率、拉姆齐模型等均表明，在均衡条件下一个经济体的投资与消费之间的确存在最优比例，这一比例也可通过对资本与劳动边际收益率的分析模型推出。但在现实中，经济往往处在失衡状态，投资消费结构总是偏离最优比例，现实的替代性选择就是确定一个合理区间，只要处在此区间就是可行的（陈梦根，2014）。由于投资消费比是一个适度性指标，为了方便进行指标数据的趋同化处理，需要确定一个最优比例的近似值。根据国内外的先行经验，结合我国所处的实际发展情况，比较适合我国的投资与消费比例关系应该是：投资率一般不应高于 40%，消费率不应低于 60%。

4.2.2.3 二元对比系数

二元对比系数，又称二元生产率对比系数，是衡量二元经济结构的主要测度指标之一。其计算公式为

$$R_1 = \frac{B_1}{B_2} = \frac{G_1/G}{L_1/L} / \frac{G_2/G}{L_2/L} \tag{4.8}$$

式中，R_1 为二元对比系数；B_1 和 B_2 分别为农业部门比较劳动生产率、非农业部门比较劳动生产率；G 为国内生产总值 GDP，L 为劳动力总数；G_1、G_2 分别为农业部门产值和非农业部门产值；L_1、L_2 分别为农业部门劳动力数和非农业部门

劳动力数。

二元对比系数与经济结构的二元性强度呈负向变动关系。二元对比系数越大，则两部门的差别越小，经济的二元特征越不显著；反之则两部门的差别越大，经济的二元特征越明显。提高二元对比系数，可以缓解或化解城乡二元经济结构的矛盾，经济增长质量自然得到提升。

4.2.2.4　私企信贷的 GDP 占比

金融深化程度是衡量金融自由化程度的重要标志。麦金农和肖的金融深化理论的基本观点是：如果政府取消对金融活动的过多干预，逐步实现金融自由化，形成一个正的实际利率，以便使资金能按市场原则配置到效率最高的地方，最后将促成金融深化与经济发展的良性循环。反映金融深化程度的常见指标为戈德史密斯的金融相关比率、麦金农的货币化程度与存贷款余额占 GDP 比例以及金融效率指标等。其中，金融效率指标又包括储蓄率、储蓄-投资转化率、私企信贷的 GDP 占比和资本配置效率等（沈军 等，2013），本章采用该研究中所运用的私企信贷的 GDP 占比作为金融效率的衡量指标。其计算公式为

$$\mathrm{PCR}=\frac{\mathrm{PC}}{\mathrm{GDP}} \tag{4.9}$$

式中，PCR 表示私企信贷的 GDP 占比；PC 表示私企所获得的信贷量；GDP 表示国内生产总值。

指标 PCR 数值大幅度下降，往往伴随着实体经济增速下滑，经济增长质量不高；PCR 数值增加，实体经济将趋于好转，经济增长质量将提升。Cecchetti 等（2012）的研究表明私企信贷占 GDP 的最优比例为 90%～100%。若 PCR 数值高于门槛值，说明私营企业的债务风险水平过高，经济增长质量状况堪忧。

4.2.2.5　短期外债占比

短期外债占比是一国或地区对外短期债务余额与全部外债余额的比值。它是衡量国际收支状况正常与否的重要指标，对国内经济的稳健运行有双重影响。其计算公式为

$$\mathrm{SEDR}=\frac{\mathrm{SED}}{\mathrm{ED}} \tag{4.10}$$

式中，SEDR 为短期外债占比；SED、ED 分别为短期外债余额和全部外债余额。

国际上一般将 25%认为是短期外债占比的警戒线。25%之内可确定为正常

区间；若超出正常区间之外，SEDR 持续上升会使得国家经济面临偿债风险，不利于经济的持续稳健增长。

4.2.3 稳定性指标

经济系统稳定是指经济体系在运行过程中始终保持平稳，重要经济参数在合理区间内窄幅波动。增长过程中的经济波动可以从产出波动、价格波动和就业波动三个方面来进行考察，因而衡量稳定性的指标可设定为经济增长波动率、通货膨胀率和失业率。

4.2.3.1 经济增长波动率

经济增长波动率是指本年经济增长率相对于上年经济增长率的增长程度。经济增长率一般用 GDP 增长率来表示。其计算公式为

$$\mathrm{RB}_t = \frac{\mathrm{BY}_t - \mathrm{BY}_{t-1}}{\mathrm{BY}_{t-1}} \times 100\% \tag{4.11}$$

式中，RB_t 表示第 t 年的经济增长波动率，即第 t 年的 GDP 增长波动率；BY_{t-1}、BY_t 分别表示第 $t-1$、t 年的经济增长率，即第 $t-1$、t 年的 GDP 增长率；$\mathrm{BY}_t - \mathrm{BY}_{t-1}$ 表示经济增长率间距，即第 t 年经济增长率与上年经济增长率之差。

对于经济增长率而言，间距值越大，则说明经济增长的平稳性越差；间距值越小，则说明经济增长的平稳性越好。

对于经济增长波动率而言，若经济增长波动率处在-30%~30%，则表明经济增长的平稳性良好；若经济增长波动率处在-50%~-30%或 30%~50%，则表明经济增长的平稳性较差；若经济增长波动率小于-50%或大于 50%，则表明经济增长的平稳性极差。

4.2.3.2 通货膨胀率

通货膨胀率是指物价平均水平的上升速度。在实际中，一般不直接也不可能测算通货膨胀，而是通过价格指数增长率来间接表示。最能充分、全面反映通货膨胀率的是消费者价格指数，即 CPI，在我国称其为居民消费价格指数。CPI 被广泛用来反映通货膨胀的程度。其计算公式为

$$\mathrm{CPI}_t = \frac{\sum P_t Q}{\sum P_0 Q} \times 100\% \tag{4.12}$$

式中，CPI_t 表示第 t 期的居民消费者价格指数；$\sum P_0 Q$、$\sum P_t Q$ 分别代表一篮子固定商品按基期价格和按当期价格计算的价值。

基于消费者价格指数的视角来考察通货膨胀率，即可获得通货膨胀率的表达式。其计算公式为

$$IR = \frac{CPI_t - CPI_{t-1}}{CPI_{t-1}} \times 100\% \tag{4.13}$$

需要特别指出的是，通货膨胀率既不是价格指数，也不是价格上升率，而是价格指数上升率。通货膨胀会导致收入与财富再分配，当遭遇严重的通货膨胀时，商品之间的比价会被扭曲，资源配置效率会降低，这容易导致泡沫经济，进而伤害实体经济基础。白仲林和赵亮（2011）研究认为我国通货膨胀率的最优目标区间是0%~3.2%，一般观点认为通胀率在3%以内属于正常范围，本章设定的通货膨胀正常区间为0%~3%。在此限度内的温和通货膨胀对整个经济并不会产生恶劣的影响，但是超出该范围之外的通货膨胀则会损害经济增长。考察与分析通货膨胀率，将有助于评价经济增长过程是否平稳，有利于衡量经济增长质量状况。

4.2.3.3 失业率

失业率是指整个社会失业总人数占全社会总劳动人数的比例。它是反映一个国家或地区失业状况的主要指标，也是反映经济疲软或景气程度的重要信号。其计算公式为

$$UR = \frac{TU}{TL} \times 100\% \tag{4.14}$$

式中，UR 表示失业率；TU、TL 分别表示全社会失业总人数和总劳动人数。

根据奥肯定律，失业率与经济增长率大致呈现负相关关系。有关研究表明，我国的自然失业率大致处于2%~4%（李标，2011），超出该范围以外的失业率攀升，表明劳动力大量闲置，经济状况不景气，容易造成社会动荡甚至引发骚乱，经济增长的稳定性较差，经济增长质量状况不容乐观。

4.2.4 创新性指标

经济驱动创新表明创新对经济增长的贡献份额提升或所占比重扩大。创新分为技术创新和制度创新，技术创新途径有两种：自主研发和技术引进。衡量自主研发可以用 R&D 投入占 GDP 比重、高新技术产业增加值占 GDP 比重以及每万名科技人员科技论文数等量化指标，本章选择国际上衡量自主研发水平的通用指标即 R&D 投入占 GDP 比重。由于外商直接投资会引起技术溢出效应，从而推动技术进步与经济发展，因此，本章选择外商直接投资（FDI）流

量占全社会固定资产投资流量作为衡量技术引进程度的量化指标。衡量制度创新可选用非国有化率即非国有工业产值占工业总产值的比重。市场化率即体现市场化程度的指标。基于数据的易得性与可靠性，本章选择度量市场化率的一个具体指标——工资收入分配的市场化率，即除去国有单位与城镇集体单位以外，其他单位工资总额占工资总额的比重。

4.2.4.1　技术创新指标

技术创新是指生产技术的创新，包括开发新技术，或者将已有的技术进行应用创新。技术创新的主要渠道为自主创新与技术引进，可分别用 R&D 投入占 GDP 比重、FDI 流量占固定资产投资流量来衡量，其计算公式分别为

$$SI=\frac{RDI}{GDP},\ TI=\frac{FDI}{TFI} \tag{4.15}$$

式中，SI 为自主创新投入程度的量化指标；RDI 为 R&D 投入；GDP 为国内生产总值；TI 为技术引进程度的量化指标；FDI 为外商直接投资（流量）；TFI 为全社会固定资产投资（流量）。

4.2.4.2　制度创新指标

制度创新是指能够使创新者获得追加或额外利益的、对现存政治经济制度的变革。制度创新包含两层含义：一是创造前所未有的新制度，为未来指引方向；二是使原有制度不断更新，不断保持活力。本章用收入分配中职工工资的市场化率来体现制度创新程度，其计算公式为

$$MR=\frac{TW_3}{TW}=\frac{TW_3}{TW_1+TW_2+TW_3} \tag{4.16}$$

式中，MR 代表工资分配的市场化率；TW 代表总工资总额；TW_1、TW_2 和 TW_3 分别代表国有单位工资总额、城镇集体单位工资总额以及其他单位工资总额。

技术创新与制度创新能够在不增加物质要素投入的情况下促使经济增长。因此，包含技术创新与制度创新的创新性维度是决定经济增长质量水平的重要因素。技术创新与制度创新之间相互依存、相互促进。制度创新取决于技术创新的状况及其发展变化。同时，制度创新通过提供一种社会激励机制，促进或阻碍技术创新而影响技术进步与经济发展。当制度不健全时，制度创新显得尤为重要，完善制度的建立更容易使经济增长接近或达到生产可能性边界，进而使技术进步对经济增长的贡献更加显著。技术创新和制度创新都是经济增长所不可或缺的重要影响因素，若创新性水平提升，则表明经济增长质量状况也得到了相应的改善。

4.2.5 共享性指标

经济福利共享是指经济发展果实由全体国民共同享有，由福利变化和成果分享两个分项组成。福利变化主要从总体上考察经济增长所带来的全体居民的福利改善，本章选择人均受教育年限和每万人口卫生技术人员数来度量福利变化程度；而经济增长中的成果分享主要涉及收入分配问题，本章选择基尼系数、城乡居民收入比以及省际人均 GDP 极值比来衡量。

4.2.5.1 福利变化指标

福利变化主要是考察经济增长所带来的居民的福利改善程度，本章从教育和医疗两个方面入手，分别选择人均受教育年限和每万人口卫生技术人员数作为基础测度指标。

人均受教育年限指某一特定年龄段人群接受学历教育年限总和的平均数。人均受教育年限不断增加，说明人民能够享受到更多的教育服务，经济增长成果惠及更多的国民，经济增长质量水平相应较高。

每万人口卫生技术人员数是指全社会卫生技术人员数与总人口的比值。它衡量的是随着经济发展居民能获得的基本医疗卫生服务的改善程度。若每万人口卫生技术人员数增加，则说明居民能享受的基本医疗服务得到改善，从侧面也反映了居民福利水平的提升。

4.2.5.2 成果分享指标

经济增长成果的分享主要涉及收入分配，本章从全国、城乡以及地区的收入差距三个方面入手，分别选择基尼系数、城乡居民收入比与省际人均 GDP 极值比作为基础测度指标。

基尼系数是测定收入分配差异程度的一个重要参数，它提供了居民之间贫富差异程度的数量界限，在世界各国受到广泛重视和普遍应用。联合国有关组织规定，基尼系数低于 0.2，表明居民收入绝对平均；介于 0.2~0.3，表明居民收入比较平均；介于 0.3~0.4，表明居民收入相对合理；介于 0.4~0.5，表明居民收入差距偏大；若在 0.5 以上，则表明居民收入差距悬殊。基尼系数通常把 0.4 作为收入分配差距的“警戒线”。基尼系数可以较客观、直观地反映与考查居民收入分配问题。

城乡居民收入比是城镇居民人均可支配收入与农村人均纯收入的比值。它是衡量城乡居民收入差距变化趋势的一个重要指标。若在一定时期内，城乡居民收入比持续扩大，则表明城乡居民的收入差距在不断拉大，城镇居民享有了更多的经济增长成果；若城乡居民收入比缩小，则表明城乡居民的收入差距缩小，城镇与农村居民享有的经济增长成果趋于平均，此时的经济增长福利具有充分共享性，经济增长质量水平较高。

省际人均GDP极值比是人均GDP最低省份的人均GDP与最高省份的人均GDP之比，它可以衡量经济福利在各区域分享的失衡程度（项俊波，2008）。省际人均GDP极值比位于0~1，若该指标值越小，说明贫困地区与富裕地区经济发展差距越大，区域经济发展不平衡，经济福利在区域间的分享差距必然较大。

4.2.6 包容性指标

资源环境包容性是从增长成本的视角来考察经济增长是否以低消耗、低污染、低排放的绿色增长模式来利用资源，高包容性意味着低成本。资源环境成本由资源消耗与生态污染两个分项构成。从经济增长中资源消耗这一分项的测度来看，本章选择单位产出能耗和能源消耗弹性系数作为基础度量指标；从经济增长中生态污染这一分项的测度来看，本章选择单位产出废气排放量、单位产出废水排放量、单位产出固体废物排放量作为基础度量指标。

4.2.6.1 资源消耗指标

单位产出能耗是指创造单位产出所消耗的能源数量。通过对单位产出能耗指标的测算，可以衡量能源的综合利用效率，同时也在一定程度上反映经济增长对于能源的依赖程度及对环境产生的影响。按照定义，其计算公式为

$$E_t = \frac{\mathrm{EC}_t}{\mathrm{GDP}_t} \tag{4.17}$$

式中，E_t 表示第 t 年的单位产出能耗；EC_t 表示第 t 年的能源消耗总量，以吨标准煤为单位；GDP_t 表示第 t 年的国内生产总值。

单位产出能耗越高，说明能源的综合利用效率越低，经济增长中的能源利用不尽合理，经济增长的可持续性水平较低，经济增长质量不高；单位产出能耗越低，则说明能源的综合利用效率越高，经济增长中的能源利用更为合理有效，经济增长可持续性增强，经济增长质量水平较高。

能源消耗弹性系数衡量的是能源的投入效率，它是能源消费增长率与经济增长率之比。其计算公式为

$$\mathrm{TE}_t = \frac{\mathrm{BEC}_t}{\mathrm{BY}_t} \tag{4.18}$$

式中，TE_t 代表第 t 年的能源消耗弹性系数；BEC_t、BY_t 分别代表第 t 年的能源消耗年增长率和经济增长率。

能耗弹性系数越小，表明能源使用的效率越高，经济增长质量水平也相应较高；能耗弹性系数越大，表明能源使用的效率越低，经济增长质量水平较低。

4.2.6.2 生态污染指标

生态环境的污染主要包括大气污染、水污染以及固体废物污染。衡量这三种污染程度，可分别选择单位产出废气排放量、单位产出废水排放量、单位产出固体废物排放量来衡量。其计算公式为

$$A_t = \frac{AP_t}{GDP_t},\quad W_t = \frac{WP_t}{GDP_t},\quad S_t = \frac{SP_t}{GDP_t} \tag{4.19}$$

式中，A_t、W_t、S_t 分别代表第 t 年的单位产出废气排放量、单位产出废水排放量以及单位产出固体废物排放量；AP_t、WP_t、SP_t 分别代表第 t 年废气排放总量、废水排放总量以及固体废物排放总量；GDP_t 则表示第 t 年的总产出。

生态环境污染程度越严重，即单位产出的“三废”排放量越大，则表明经济增长中所要付出的环境成本越高，经济增长的可持续性较差；若生态环境的污染程度下降，即单位产出的“三废”排放量越低，则说明经济增长所付出的环境代价越低，经济能实现较好的可持续增长，经济增长质量水平提升。

4.3 基于软集合参数约简的综合评价模型

4.3.1 参数约简

参数约简是软集合理论的核心内容之一，Zou 和 Xiao（2008）已经证明每一个软集合都对应着一个 0-1 信息系统。显然，知识系统中信息（参数）并不是同等重要的，甚至其中某些信息是冗余的。所谓参数约简，即在保持信息库分类能力不变的前提下，删除其中不相关或不重要的信息以达到简化信息系统、提高决策正确性和效率性的目的。Xiao 和 Zou（2008）进一步从参数化的角度证明了软集合是粗糙集（Pawlak，1982）的一种自然推广。因此，可以根据粗糙集中属性约简的相关定义，来平行引入软集合的参数约简概念。

设集合 $U=\{h_1,\ h_2,\ \cdots,\ h_m\}$ 为初始论域，集合 $E=\{e_1,\ e_2,\ \cdots,\ e_n\}$ 为参数集，二元组（F，E）是 U 上的一个软集合，且与 0-1 信息系统 $S=$

(U, E, V, f) 相对应。其中 $V=\cup_{e\in E}V_e$，$V_e=\{0, 1\}$ 是参数 e 的值域；f：$U\times E\rightarrow V$ 是一个信息函数，它为每个对象的每个参数赋予了一个信息值，即 $\forall e\in E$，$h\in U$，有 $f(h, e)\in V_e$。对于每一个参数 e，它决定了 U 上的一个等价关系 R_e，称为一个不可分辨关系，满足

$$\mathrm{Ind}(R_e)=\{(x, y)\in U\times U: f(x, e)=f(y, e)\} \tag{4.20}$$

若 E 上的一个参数子集为 A，则

$$\mathrm{Ind}(R_A)=\{(x, y)\in U\times U: \forall e\in A, f(x, e)=f(y, e)\} \tag{4.21}$$

所有的等价关系 R_e，记作 $R=\{R_e: e\in E\}$，是 U 上的一个等价关系族。

定义 4.1 令 R 为一个等价关系族，$R_e\in R$，若 $\mathrm{Ind}(R)=\mathrm{Ind}(R-\{R_e\})$，则称 R_e 为 R 中不必要的；否则称 R_e 为 R 中必要的。

定义 4.2 若对于每一个 $R_e\in R$ 都为 R 中必要的，则称 R 为独立的；否则称 R 为依赖的。

定义 4.3 若 R 是独立的，且 $R_A\subseteq R$，则 R_A 也是独立的。

定义 4.4 令 $R_A\subseteq R$，若 R_A 是独立的，且 $\mathrm{Ind}(R)=\mathrm{Ind}(R_A)$，则称 A 是 E 的一个约简，记作 $\mathrm{Red}(E)$。显然，E 存在多个约简，等价关系族 R 中所有必要关系组成的集合称为 E 的核，记为 $\mathrm{Core}(E)$。

定义 4.5 $\mathrm{Core}(E)=\cap\ \mathrm{Red}(E)$，其中 $\mathrm{Red}(E)$ 表示 E 的所有约简。

软集合中的参数子集之间存在着依赖性，可以形式化的定义如下：

定义 4.6 若 $A, B\subseteq E$，则有 $R_A\subseteq R$，且 $R_B\subseteq R$。

①参数子集 B 依赖于参数子集 A（记作 $R_A\Rightarrow R_B$），当且仅当 $\mathrm{Ind}(R_A)\subseteq\mathrm{Ind}(R_B)$；

②参数子集 A 与参数子集 B 等价（记作 $R_A=R_B$），当且仅当 $R_A\Rightarrow R_B$ 且 $R_A\Leftarrow R_B$；

③参数子集 A 与参数子集 B 独立（记作 $R_A\neq R_B$），当且仅当 $R_A\Rightarrow R_B$ 与 $R_A\Leftarrow R_B$ 均不成立。

定义 4.7 令 $K=(U, R)$ 为 U 上的软集合 (F, E) 所对应的信息系统，$A, B\subseteq E$，定义

$$k=\gamma_A(B)=\frac{|h\in U: [h]_A\subseteq[h]_B|}{|U|} \tag{4.22}$$

称参数子集 B 是 $k(0\leqslant k\leqslant 1)$ 程度依赖于参数子集 A，也称 B 对 A 的依赖度为 k，记作 $R_A\Rightarrow_k R_B$。

若 $k=1$ 时，则称 B 完全依赖于 A；若 $0<k<1$ 时，则称 B 部分依赖于 A；若 $k=0$ 时，则称 B 完全独立于 A。

在参数集中，不同的参数可能具有不同的重要性，为了找出某些参数（或参数子集）的重要性，最常用的方法是考察在包含该参数和不包含该参数两种情形下分类结果的差异：若剔除该参数，其分类结果发生较大变化，则表明该参数的重要性高；反之，则该参数的重要性就低。

定义 4.8 令 $K=(U, R)$ 为 U 上的软集合 (F, E) 所对应的信息系统，$A, B \subseteq E$，参数子集 $A' \subseteq A$ 关于 B 的重要度定义为 $\sigma_{AB}(A') = \gamma_A(B) - \gamma_{A-A'}(B)$；特别的是，当 $A' = \{e\}$ 时，参数 $e \in A$ 关于 B 的重要度为 $\sigma_{AB}(e) = \gamma_A(B) - \gamma_{A-\{e\}}(B)$。

对于软集合的参数约简，需要指出的是，它与粗糙集的属性约简（Pawlak, 2004）既有联系，也有所区别。二者的共同之处在于它们都是借助参数（粗糙集称为属性）对初始论域的分类，消除对决策结果无影响的冗余信息，且两者约简的获取和决策规则的提取完全是数据驱动，不带任何主观判断，无须任何先验信息。二者的不同之处在于粗糙集中的决策属性是单独设定的，不一定完全依赖于条件属性集；而软集合中的决策参数根据研究者的偏好和问题特征既可以单独设定，也可直接由参数集本身确定。因此，粗糙集中获得的决策规则往往带有概率特征，需要大样本支持；而软集合的决策参数可完全依赖于参数集，此时决策规则带有确定性，故没有样本容量的限制，这使得软集合方法非常适合解决小样本前提下的多属性决策问题。

4.3.2 基于参数约简的指标体系优化

利用软集合中参数约简的理论，可以对上述构建的含有 24 个指标的经济增长质量评价指标体系进行约简优化。主要思想是在保持对历年经济增长质量集成评价分类结果不变的前提下，删除不重要或不相关的指标，从而达到简化指标体系的目的。具体操作步骤如下：

Step 1：初始化与预处理数据。广义视角下的经济增长质量的评价隶属于多指标评价问题。首先，由于多指标评价中各具体指标属性不一致，指标属性一般分为正向指标、逆向指标和适度指标。正向指标与经济增长质量正相关；逆向指标值越大，经济增长质量越低；适度指标的指标值处在某一适当值或适当区间时经济增长质量最优。其次指标间具有不同的量纲与数量级，存在着不可公度性，无法直接合成以形成总指数。因此，为了使各指标对经济增长质量作用趋同化，有必要对其中的逆向指标与适度指标进行正向化处理，同时为了消除指标的数量级对评价结果的影响，需要对各指标值进行标准化（或称规范化处理），运用数学变换将数量级各异的指标值转化为能够综合处理的数值，将原始数据经正向化处理后构成的评价信息矩阵 $V=(a_{ij})_{m\times n}$ 转化为标准化矩阵 $Z=(r_{ij})_{m\times n}$。本章采用范坤和冯长焕（2013）的正向化方法，如下所示

$$e'_j = 1 - |e_j - u_0| \quad (4.23)$$

式中，e_j 为需正向化处理的适度指标，u_0 为指标 e_j 的最适值。

显然，对于逆向指标来说，最适值 $u_0=0$。

若逆向指标取值较大，即 $|e_j|>1$，则为防止经济增长质量指数过分依赖于具有较大方差或数量级的指标，同时也为保证正向化处理后的指标值落入单位区间内，采用以下的公式对逆向指标进行正向化处理

$$e'_j = 1/|e_j| \quad (4.24)$$

式中，e_j 为需正向化处理的逆向指标。

本章对经过指标正向化处理后的评价信息矩阵按照

$$Z=(r_{ij})_{m\times n},\quad r_{ij}=\frac{a_{ij}}{\sqrt{\sum_{i=1}^{m} a_{ij}^2}} \quad (4.25)$$

进行归一化处理，以消除量纲与数量级上的差异。

Step 2：数据的离散化处理。评价信息矩阵中的指标数据都是连续型数据，而软集合参数约简中处理的数据只能是离散型数据，故需要对数据进行离散化处理。对数据进行离散化处理的常见方法有等距离划分法、等频率划分法、Naive-Scaler 算法、Semi-Naive Scaler 算法及布尔推理算法等（侯利娟，2000），本章选用等频率划分法将数据离散成 0 和 1 两个元。

Step 3：建立经济增长质量多指标集成评价的软集合模型。将初始论域设置为所有待评价年份 1990—2014 年共 25 年，$Y=\{y_1, y_2, \cdots, y_{25}\}$，参数集 $E=\{e_1, e_2, \cdots, e_{24}\}$ 为经济增长质量的评价指标集，Y 上的软集合 (F, E) 描述 Y 中各年份的经济增长质量的离散指标值状况。其中

$$F(e_j)=\frac{\hat{r}_{1j}}{y_1}+\frac{\hat{r}_{2j}}{y_2}+\cdots+\frac{\hat{r}_{25,j}}{y_{25}}\,(j=1, 2, \cdots, 24) \quad (4.26)$$

式中，$\hat{r}_{tj}(t=1, 2, \cdots, 25)$ 表示第 y_t 年在指标 e_j 下的指标数值为 $\hat{r}_{tj}(\hat{r}_{tj} \in \{0, 1\})$。

Step 4：参数约简。以参数集 E 对应的分类作为经济增长质量的分类结果，通过参数约简删除对分类结果无影响的指标，保留剩下指标。本章运用 Rosetta 软件并选择遗传算法（genetic algorithm）对指标集进行约简，获得指标集的所有约简结果，从而完成指标集的优化。

4.3.3 基于参数重要性的综合评价模型

基于软集合参数重要性的综合评价模型的原理与基本思想是，利用参数约简后建立的新指标体系来形成综合指标，进行经济增长质量的集成评价。其中，依据参数重要度的概念来获得各个指标的权重，进而求其加权和产生综合指标。具体操作步骤如下：

Step 1：软集合的参数约简。根据软集合 (F, E) 中参数集 E 的约简结果，任意选择 E 的一个约简 Red_1，不失一般性，记为 $\mathrm{Red}_1=\{e_1, e_2, \cdots, e_l\}$，获得约简软集合 (F, Red_1)。

Step 2：参数重要度的计算。按照定义 4.8 计算约简软集合 (F, Red_1) 中各个指标的参数重要度 σ_{e_1}，σ_{e_2}，$\cdots$，σ_{e_l}，则各指标的权重为 w_{e_1}，w_{e_2}，$\cdots$，w_{e_l}，其中

$$w_{e_j}=\frac{\sigma_{e_j}}{\sum_{j=1}^{l}\sigma_{e_j}}\ (j=1, 2, \cdots, l) \tag{4.27}$$

Step 3：综合指标的计算。由此可以得到在新指标体系下反映历年经济增长质量状况的综合指标的计算式

$$\mathrm{QGI}(t)=\sum_{j=1}^{l} w_{e_j} r_{tj}\ (t=1, 2, \cdots, 25) \tag{4.28}$$

式中，$\mathrm{QGI}(t)$ 表示第 t 年经济增长质量的综合评价值。

通过计算 $\mathrm{QGI}(t)$，可以得到历年经济增长质量的综合排序结果。$\mathrm{QGI}(t)$ 越大，表明第 t 年经济增长质量的状况越好。相应的算法结构如图 4.1 所示。

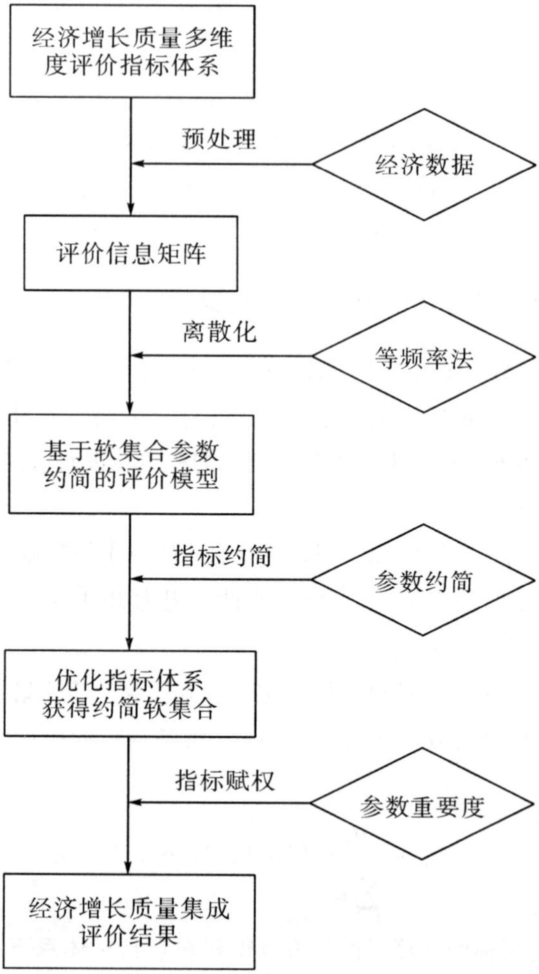

图 4.1　算法流程

4.4　中国经济增长质量指数测度

4.4.1　问题描述与数据来源

仍以 1990—2014 年为样本区间，经济增长质量评价指标体系中一共有 24 个具体指标，每一个指标包含 25 个年度数据，这样便构成了一个 25 × 24 的评价信息矩阵。按照统计学中样本数据个数 $n \leqslant 30$ 即为小样本的界定，同时由于某些经济指标之间存在着密切的关联，可能会导致指标之间的高度相关性，可知广义视角下的中国经济增长质量评价是一个小样本、多属性且属性之间可能存在高度相关性的评价问题。

所使用的全部原始统计数据均来自历年《中国统计年鉴》《中国环境状况公报》《全国科技经费投入统计公报》以及世界银行 WDI 数据库，可以从国家统计局网站、国家环保部网站、国家科技部网站及世界银行官方网站上免费获取。利用上述指标公式，可以计算出 1990—2014 年各指标的指标值，具体结果见附表 1。

4.4.2 中国经济增长质量指数的测算

在对评价信息矩阵中的指标数据依次进行正向化、标准化和等频率离散化处理后，可以获得一个 0-1 信息系统，与软集合（F, E）相对应如表 4.2 所示。

表 4.2 经济增长质量的软集合表示

Y	e_1	e_2	e_3	e_4	e_5	e_6	e_7	e_8	e_9	e_{10}	e_{11}	e_{12}
1990	0	1	0	1	0	1	0	1	1	1	1	0
1991	0	1	1	0	0	1	0	1	0	1	1	0
1992	0	1	1	0	1	1	0	1	0	0	1	0
1993	0	1	1	0	1	0	0	1	1	0	1	0
1994	0	1	1	0	1	1	0	1	1	0	1	0
1995	0	1	1	1	1	1	0	1	0	0	1	0
1996	0	1	0	1	1	1	0	1	0	0	1	0
1997	0	1	0	1	1	1	0	1	1	1	1	0
1998	0	1	0	0	1	1	0	1	0	0	1	0
1999	0	1	0	0	0	0	0	1	1	0	1	0
2000	0	1	0	0	0	0	0	0	0	1	1	0
2001	0	1	0	0	1	0	0	1	1	1	1	0
2002	0	0	1	0	1	0	1	1	1	0	1	0
2003	1	0	1	0	1	0	1	0	1	1	0	1
2004	1	0	1	0	0	0	1	0	1	0	0	1

表4.2(续)

Y	e_1	e_2	e_3	e_4	e_5	e_6	e_7	e_8	e_9	e_{10}	e_{11}	e_{12}
2005	1	0	1	0	1	0	1	0	0	1	0	1
2006	1	0	1	0	0	0	1	0	0	1	0	1
2007	1	0	1	1	0	0	1	0	0	0	1	1
2008	1	0	0	1	0	0	0	0	0	0	0	1
2009	1	0	0	1	0	0	1	0	1	0	0	1
2010	1	0	0	1	0	1	1	0	0	0	0	1
2011	1	0	0	1	0	1	1	0	0	0	0	1
2012	1	0	0	1	0	1	1	0	0	1	0	1
2013	1	0	0	1	0	1	1	0	1	1	0	1
2014	1	0	1	1	0	1	1	0	1	1	0	1

Y	e_{13}	e_{14}	e_{15}	e_{16}	e_{17}	e_{18}	e_{19}	e_{20}	e_{21}	e_{22}	e_{23}	e_{24}
1990	0	0	1	0	1	1	1	0	1	0	0	0
1991	0	0	0	0	1	1	1	0	0	0	0	0
1992	1	0	0	0	1	1	1	0	1	0	0	0
1993	1	0	0	0	1	1	1	0	1	0	0	0
1994	1	0	0	0	1	0	0	0	1	0	0	0
1995	1	0	0	0	1	1	0	0	0	0	0	0
1996	1	0	0	0	0	1	0	0	1	0	0	0
1997	1	0	0	1	1	1	0	0	1	0	0	0
1998	1	0	0	1	1	1	0	0	1	0	0	0
1999	1	0	0	1	1	1	0	0	1	0	0	1
2000	1	0	0	0	1	1	0	0	0	0	0	1
2001	1	0	0	0	0	0	0	1	0	0	0	1
2002	1	0	0	0	1	0	0	1	0	1	0	1
2003	1	1	1	0	0	0	0	1	0	0	1	1
2004	0	1	1	0	0	0	0	0	0	1	1	1
2005	0	1	0	0	0	0	0	0	0	1	1	1

表4.2(续)

Y	e_{13}	e_{14}	e_{15}	e_{16}	e_{17}	e_{18}	e_{19}	e_{20}	e_{21}	e_{22}	e_{23}	e_{24}
2006	0	1	1	1	0	0	0	1	0	1	1	1
2007	0	1	1	1	0	0	1	1	0	1	1	1
2008	0	1	1	1	0	0	1	1	1	1	1	1
2009	0	1	1	1	0	0	1	1	0	1	1	1
2010	0	1	1	1	0	0	1	1	0	1	1	0
2011	0	1	1	1	0	0	1	1	0	1	1	0
2012	0	1	1	1	0	0	1	1	1	1	1	0
2013	0	1	1	1	0	1	1	1	1	1	1	0
2014	0	1	1	1	1	1	1	1	1	1	1	1

根据软集合参数约简方法，利用 Rosetta 软件对指标集进行约简优化，获得约简结果，取其中一个约简 $\mathrm{Red}_1 = \{e_3, e_4, e_5, e_9, e_{10}, e_{14}, e_{18}, e_{24}\}$ 来构建新的指标体系，共包含 8 个指标。通过计算可发现，Red_1 将 Y 划分为 24 个等价类，可表述为

$$C_{\mathrm{Red}_1} = C_E = \{\{y_1\}, \{y_2\}, \cdots, \{y_{20}\}, \{y_{21}, y_{22}\}, \{y_{23}\}, \{y_{24}\}, \{y_{25}\}\} \tag{4.29}$$

这表明本章构建的指标体系将 25 年的经济增长质量状况每一年归为一类，第 21 年（2010 年）和第 22 年（2011 年）两年归为一类，若继续增加评价指标至多也只能将这两年的经济增长质量状况区分开。由此可见，Red_1 对 25 年经济增长质量的区分程度已经达到 24/25=0.96，这说明在包含 Red_1 的任何经济增长质量评价指标体系中，Red_1 都可作为度量经济增长质量的（近似）约简指标集；也进一步说明评价结果并不会随着指标增加而出现大幅变化，即软集合评价方法的鲁棒性较强。

利用软集合的参数重要性定义，依次计算约简软集合 (F, Red_1) 中各指标的参数重要度，并将之归一化形成权重，结果如表 4.3 所示。

表 4.3　各指标的重要度和集成权系数

指标	e_3	e_4	e_5	e_9	e_{10}	e_{14}	e_{18}	e_{24}
重要度	0.24	0.16	0.16	0.24	0.12	0.08	0.08	0.20
权系数	3/16	1/8	1/8	3/16	3/32	1/16	1/16	5/32

利用公式（4.28）即可算出1990—2014年我国经济增长质量的多指标集成评价指数，具体测算结果如表4.4所示。

表4.4 基于软集合的经济增长质量集成评价结果

年份	QGI	QGI（1990=100）	排名	年份	QGI	QGI（1990=100）	排名
1990	0.079 6	100.00	25	2003	0.194 6	244.47	8
1991	0.143 0	179.62	24	2004	0.193 7	243.39	9
1992	0.208 4	261.76	5	2005	0.203 8	256.00	7
1993	0.216 2	271.58	2	2006	0.214 4	269.35	3
1994	0.205 5	258.19	6	2007	0.227 5	285.80	1
1995	0.186 8	234.65	12	2008	0.176 4	221.54	18
1996	0.183 7	230.78	14	2009	0.174 5	219.28	20
1997	0.173 8	218.28	21	2010	0.183 0	229.83	16
1998	0.168 9	212.14	22	2011	0.175 7	220.72	19
1999	0.177 3	222.69	17	2012	0.162 6	204.31	23
2000	0.183 0	229.96	15	2013	0.190 2	238.95	10
2001	0.186 7	234.56	13	2014	0.208 6	261.99	4
2002	0.189 7	238.31	11	平均值	0.184 3	231.53	

图4.2描述了1990—2014年中国经济增长质量指数的时间序列变化走势。从集成评价指数的趋势可以看出，1990年以来我国经济增长质量呈现阶段性上升但伴随大幅波动的态势。1990—2014年共25年，我国经济增长质量指数（1990=100）从1990年的最低点100.00上升到2014年的261.99，年平均提高近4.1个百分点，其中1990—1991年、1996—2000年、2008—2012年的经济增长质量较低，均低于平均值。QGI排在前五的分别是2007年、1993年、2006年、2014年及1992年。按QGI的波动可将1990—2014年大致分为四个时间段：第一阶段为1990—1993年，可称为快速上升期，其间经济增长质量改善势头明显；第二阶段为1994—2007年，可称为平稳上升期，虽然1994—1998年经济增长质量有所下降，但随后一直保持稳定提升，并达到最好水平；第三阶段为2008—2012年，可称为急剧下降期，QGI从2007年的285.80一直跌到2012年的204.31，总体跌幅达28.51%，年均跌幅约为6.9个百分点；最

后一个阶段为2013年之后，可称为复苏期，其间QGI开始止跌反弹，年均增速达13.2个百分点。总体上看，中国经济增长质量状况虽呈现出不断改善的趋势，但同时也表现出改善态势缓慢且不稳定、局部波动徘徊的特征。

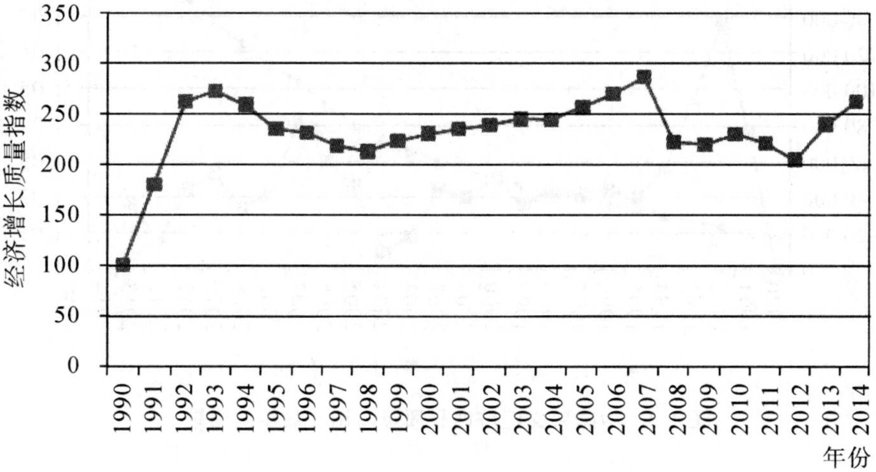

图4.2 1990—2014年中国经济增长质量指数

4.4.3 中国经济增长质量与数量的背离

经济增长质量与经济增长数量相互影响、相辅相成，属于同一个问题的两个方面，一起构成了经济增长的全部内容。经济增长质量是经济增长数量达到一定阶段的产物。没有一定的经济增长数量成果，无从谈及经济增长质量；而没有经济增长质量的稳步改善，经济增长数量也不可能持续。对于如何衡量经济增长质量与数量的背离程度，需要分别建立经济增长质量与数量的衡量指标。分别利用已获得的MI与QGI来衡量狭义及广义经济增长质量状况，用以1990年为基期的真实GDP作为经济增长数量的测度指标，比较可得1990—2014年中国狭义经济增长质量指数（MI）与经济增长数量指数（GI）以及广义经济增长质量指数（QGI）与经济增长数量指数（GI）的基本状态，参见图4.3和图4.4。

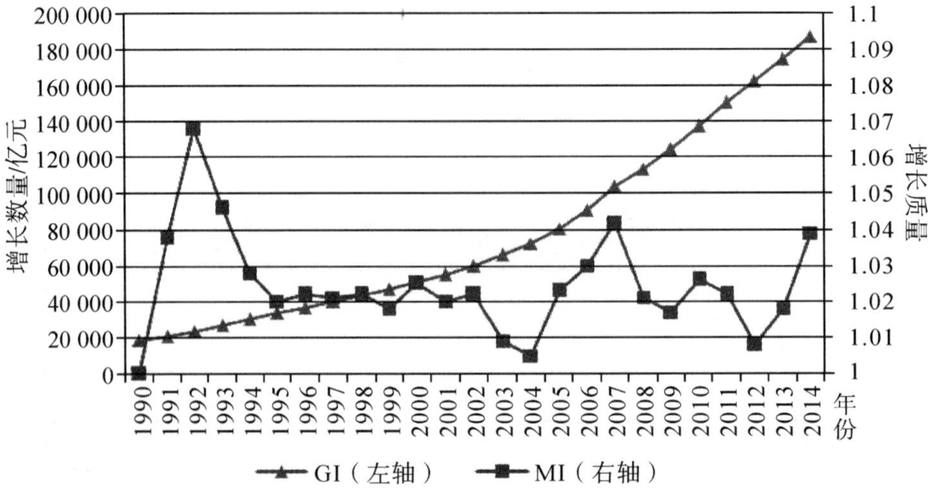

图 4.3　中国狭义经济增长质量与增长数量的比较

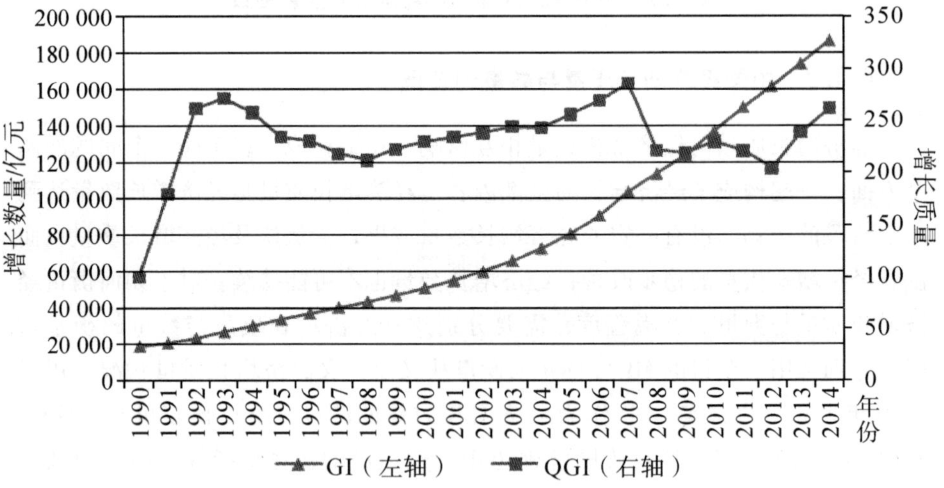

图 4.4　中国广义经济增长质量与增长数量的比较

由对比图可看出，无论是狭义还是广义层面，中国经济增长数量与质量的变动趋势是不一致的，相比较于同期经济数量的稳步快速增长，经济增长质量变动较为剧烈，上升势头并不明显。1990—2014 年，中国真实 GDP 呈现出明显的持续上升趋势，2014 年的 GDP 总量已相当于 1990 年的将近 10 倍。中国经济增长质量（无论是狭义还是广义）在 1990—2007 年并没有得到明显提升，其中狭义经济增长质量波动明显，而广义经济增长质量在头几年的快速提高后，在1994—2007年则相对平稳。MI和QGI在2008—2012年都出现了明显的下降趋势，直至2013年之后，二者重新开始稳定提升。将GI与MI、GI与QGI进行对比，不难发现，2012年之前，我国经济增长质量与数量变动基本上不同步，反映经济增长数量扩张的指数GI的增长速度明显超过了反映狭义经济增长质量提升的MI与反映广义经济增长质量提升的QGI的增速。但随着时间的推移，它们之间增速的差距在逐渐缩小，自2012年之后，我国经济增长质量与数量呈现同步发展的趋势。

为了更精确地量化经济增长数量扩大与经济增长质量提高的背离程度，本章借鉴刘海英（2006）的数量与质量不同步系数，并将其修正为反映经济增长质量提高对增长数量扩张背离程度的系数 ε

$$\varepsilon_t = \frac{(b_t - b_{t-1})/b_{t-1}}{(a_t - a_{t-1})/a_{t-1}} - 1 \tag{4.30}$$

式中，a_t、b_t 分别代表第 t 年的经济增长数量和质量；系数 ε_t 反映了第 t 年经济增长质量提高对经济增长数量扩大的背离程度。当 $\varepsilon_t = 0$ 时，表明第 t 年经济增长数量与质量同步扩张；当 $\varepsilon_t \neq 0$ 时，表明第 t 年经济增长数量与质量呈现出不一致的态势。其中，若 $\varepsilon_t > 0$，说明第 t 年经济增长质量增速高于数量增速；若 $\varepsilon_t < 0$，说明第 t 年经济增长质量的提高速度小于数量扩张速度。

利用1990—2014年的真实GDP（1990年不变价）以及表3.1与表4.4中的数据，可以分别计算出狭义、广义下的经济增长质量和数量的背离程度系数 ε^N 与 ε^G，具体数据见表4.5。

表4.5 中国经济增长质量与数量背离的系数

年份	ε^G	ε^N	年份	ε^G	ε^N	年份	ε^G	ε^N
1991	7.561 3	−0.591 4	1999	−0.345 9	−1.051 5	2007	−0.569 9	−0.918 0
1992	2.197 7	−0.797 9	2000	−0.611 5	−0.918 1	2008	−3.342 1	−1.209 9
1993	−0.730 0	−1.148 2	2001	−0.758 8	−1.058 8	2009	−1.111 0	−1.042 6
1994	−1.376 3	−1.131 4	2002	−0.824 5	−0.978 5	2010	−0.545 9	−0.916 5
1995	−1.828 9	−1.070 7	2003	−0.741 5	−1.127 2	2011	−1.417 4	−1.041 0
1996	−1.166 8	−0.980 2	2004	−1.043 5	−1.039 3	2012	−1.965 7	−1.177 9
1997	−1.588 5	−1.010 6	2005	−0.541 7	−0.841 5	2013	1.201 9	−0.871 2
1998	−1.360 6	−0.987 4	2006	−0.589 4	−0.946 1	2014	0.321 2	−0.717 4

根据系数 ε 的测算结果，无论是狭义视角还是广义视角，1990 年以来中国经济增长质量提高与数量的背离程度都比较明显。从广义视角来看，仅有 1991 年、1992 年、2013 年和 2014 年这四年经济增长质量提高的速度超过了经济数量扩张的速度，且其中 2014 年经济增长质量提高与数量扩张的背离程度最小，接近于同步增长。除此之外的其他年份，反映经济增长质量与数量背离程度的系数 ε 均小于 0，说明了经济增长质量提高的速度小于经济数量扩张的速度。尤其是 1998 年、2008 年、2012 年，不仅 QGI 较低，而且经济质量增速远远低于经济数量增速，经济增长质量整体表现较差。从狭义视角来看，背离系数全部小于 0，狭义的经济增长质量指数即经济增长效率均低于 GDP 增长率。这充分印证了 1990 年以来中国经济增长是以数量扩张为主的粗放型增长。

为了更清晰地把握经济增长质量与数量背离程度的整体变动趋势，利用表 4.5 的数据，绘制出系数 ε^N 与 ε^G 的趋势图 4.5。

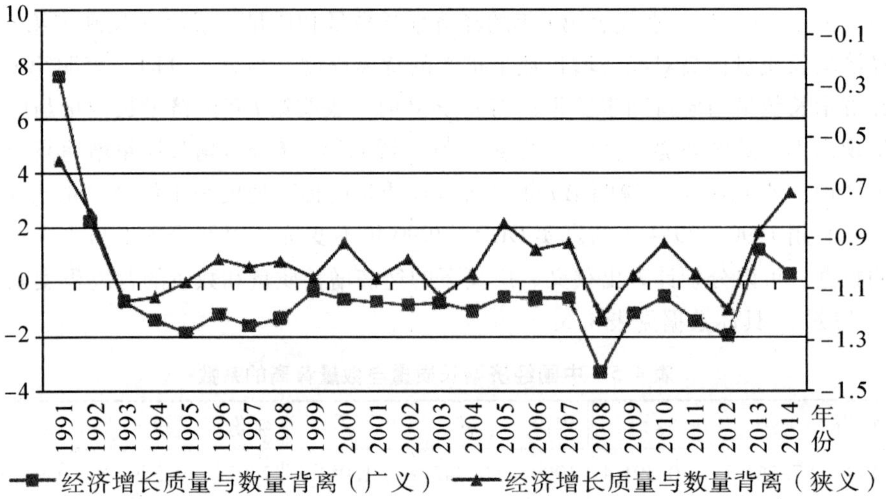

图 4.5　中国经济增长质量与数量背离程度系数

从图 4.5 可以看出，无论是狭义上还是广义上，经济增长质量与数量的相互背离是常态。尤其是从 1994 年开始一直到 2012 年背离现象较为突出，且经济增长质量的增速都落后于经济数量的增速，这证明了经济增长质量并未随着经济增长数量的大幅度增长而明显提高，但 2013 年、2014 年这种不同步的趋势在逐渐趋缓。总体上来看，在总量视角上，中国经济增长数量与质量的不一致是毋庸置疑的。

中国经济增长中凸现出明显的增长质量对数量背离的特征，呈现出一种比较严重的高速度、低质量的增长方式，这再次说明1990年以来我国经济高速增长主要依赖的是规模数量的增加，而非质量水平的提升，这给未来中国经济的长期可持续发展带来了隐患。在新常态时期，若要实现中国经济的平衡持续增长，必须把视角切换到对经济增长质量的关注上，促进低效率生产部门的改善、优化升级经济结构、烫平经济的剧烈波动、增强自主创新能力、改善全体民众社会福利以及加强资源节约和环境保护。

4.5 中国经济增长质量问题的主要症状

通过上文对经济增长质量的测度以及质量与数量不一致的量化分析可知，无论是狭义还是广义，中国经济增长质量水平均整体偏低，且经济增长质量的提高相对滞后于经济增长数量规模的扩张。这给整个国民经济带来了一系列的问题与矛盾，若不尽快缓解或解决，势必加剧新常态下中国经济运行的风险，也使“两个一百年”奋斗目标中经济社会发展战略的落实难度进一步加大。对于当前中国经济增长质量中存在的诸多问题和矛盾，根据经济增长质量的维度特征以及衡量经济增长质量的各约简指标的数值表现，并结合我国经济增长过程中的现实情形，主要可以归结为以下四个方面：

4.5.1 结构失衡与生产投入要素错配

经济结构不合理是长久以来困扰我国经济发展的一个“老大难”问题。受外延粗放型经济增长方式的长期影响，中国经济结构的失衡程度从1992年的2.42增加到2007年的4.08，达到重度失衡（项俊波，2008）。经测算，2014年经济结构失衡指数为3.24，虽有所下降，但仍处在中度失衡以上。在诸多结构性问题中，在第二产业比重依然过高的背景下，产业结构调整的步伐出现了减缓的趋势。一方面，从三大产业的比例关系来看，我国产业结构的演进方向大致符合产业发展的一般规律，即第一产业比重逐渐下降，第二产业比重先升后降，第三产业比重一直上升，并已超过第二产业比重。2014年，我国三大产业增加值的比例是9.2：42.6：48.2，第三产业的比重超过了第二产业。但是，体现现代服务部门的第三产业的比重始终无法突破50%，这与发达国家该数值一般处于70%以上存在巨大的差距。另一方面，从产业结构内部来看，第一产业内部结构性矛盾的突出点集中在数量与质量、总量与结构、成本与效益以及生产与环境等诸多方面。第二产业的结构性矛盾首先集中表现为轻、重工业比例失调，一个较为明显的发展趋势是朝着“偏重”的方向发展，即高耗能、高污染等重化工业发展过快，而战略性高新技术产业发展则相对缓慢；其次，制造业大而不强，整体上仍处在全球价值链的中低端，难以适应国内外的市场需求变化，且产品质量不高，竞争力不强，并缺乏有影响力的产品和品牌。第三产业内部矛盾主要体现为现代服务业的发展仍比较落后，且对第一、二产业的支撑力度不足以及整体竞争力不强。经济新常态以来，中国经济面临持续的下行压力，表面上表现为需求疲软，但其深层次原因则在于供给侧的结构性失衡和产业结构的优化升级动力不足。

生产要素的错配包括三个方面：劳动力错配、资本错配及政策错配（钟廷勇 等，2014）。已经有学者认识到投入要素在异质性企业间的错配是促使全要素生产率发生损失的主要原因，这加大了经济增长质量提高的难度。就政策错配而言，长期以来我国实行的是重化工业优先发展战略，这并不符合我国的要素禀赋结构。为了贯彻实施该战略，只得通过扭曲要素价格如工业品与农产品之间的价格“剪刀差”使得资金过多流入工业生产，而农业所需资金不足，形成资本错配。设置要素流动障碍如城乡二元经济结构，通过二元户籍制度将农民束缚在土地上，使得农村存在大量隐形失业，难以输入城市以解决城市“用工荒”问题，导致劳动力错配。表征城乡二元经济结构的主要指标二元对比系数从 1990 年的最高点 0.245 降到 2003 年的最低点 0.151，随后上升至 2014 年的 0.240，呈现出“U”形变化趋势。整个期间二元对比系数非但没有上升，反而略微有所下降，这说明经济结构的二元性并没有得到有效缓解。实施主导产业政策，如地方政府普遍热衷于增加对短期增长效应较高的产业或行业的投资与建设，忽视对长期经济增长质量和效益具有积极影响的投入，形成了产能过剩、人力资本与技术错配的情况，这也是我国产业结构偏离度远离均衡且居高不下的重要原因。这些非市场引导资源配置的方式使生产要素在各部门间形成过度与短缺并存的局面，导致错配程度加剧，加剧了要素禀赋、产业结构及需求结构之间的冲突，降低了要素配置的效率，造成了经济增长的质量与数量的背离，制约了经济的长期可持续增长。

4.5.2 效率低下与自主创新能力不足

长期以来，中国经济增长主要是靠要素驱动，增长方式表现出很强的路径依赖性，其中包括对高投资的路径依赖。首先，中国经济一直保持着很高的投资率，根据历年统计年鉴相关数据计算，改革开放以来，投资率始终保持在 30%以上，2003 年以来更是提升到 40%以上，在 2011 年达到历史最高 47.3%，

2014年有所回落但仍高达45.9%，几乎达到世界平均投资率的两倍。与日、韩等出现过经济起飞的其他东亚经济体相比，中国投资率的峰值甚至超过了日、韩两国在其高增长时期曾达到的峰值（李同宁，2008）。这种过度投资虽然使得全社会资本存量大幅度上升，却导致了严重的结构性产能过剩，使得产业结构的不合理状况更加凸显，降低了经济增长效率，给未来经济的增长带来隐患。诺贝尔奖获得者、著名经济学家克鲁格曼在总结东亚金融危机的教训时一针见血地指出，这一危机的深层次根源在于投资的低效率。其次，我国劳动生产率虽然持续上升，但是仍大幅度落后于美、日等发达国家。同时，反映技术进步与效率提升的全要素生产率对中国经济增长的拉动作用较小，与资本对经济增长的贡献率相比平均相差近30个百分点，而且差距有进一步拉大的趋势（陈彦斌 等，2010）。经测算，资本与全要素生产率对经济增长的贡献率相比，1990—2014年前者平均超过后者46个百分点，这进一步表明我国经济增长由资本驱动而非效率驱动是毋庸置疑的。

改革开放以来，作为后发展国家，我国大力引进国外先进技术，并以各种优惠政策来吸引外商直接投资，“以市场换技术”，走一条技术引进、消化然后吸收的渐进式创新道路。但是这种战略的实施并没有换来关键技术，尤其是在战略性高新技术领域，核心技术依然受制于人。在许多产业技术领域如飞机制造、化学工业、生物制药、电子信息等我国仍与发达国家存在较大差距。目前，我国的自主创新能力严重不足。从投入角度来看，近年来我国R&D投入占GDP比重有所上升，2014年达到2.1%。但从国际横向比较来看，据世界银行WDI数据库，2012年美国的R&D投入占GDP比重为2.81%，日本更是高达3.34%，作为新兴工业化经济体代表的韩国在2012年R&D投入占GDP甚至超过4%。我国R&D投入占GDP比重这一项在世界主要国家中处于低位，这说明我国自主创新能力的资金投入严重不足。从产出角度来看，自主创新的实质根本在于强调摆脱对技术输出国的技术依附性。从该意义上来看，自主创新的成果多以发明专利为主。我国的突破性、原创性创新非常缺乏。据相关资料估算，在高新技术领域，世界专利总和的约90%为美国和日本拥有，仅有约10%为包括中国在内的其他国家占有（朱建民 等，2010）。同时，我国企业除部分产品由于人工成本低廉而具有价格优势以外，拥有国际竞争力的企业和产品很少，进入世界500强的企业大多属于金融、能源、电信等国有垄断性行业，在充分竞争性行业中的企业基本没有，这直接表现出我国自主创新能力的严重匮乏。

4.5.3 产能过剩与资源环境约束加剧

在由投资拉动经济总量扩张的数量型经济增长方式下，政府热衷于扩大投资、审批项目，通过新增大量的财政投入来进行强刺激，而企业则很容易对下一个有前景的产业产生共识，在投资上易产生“潮涌”现象（林毅夫 等，2010），加之产品滞后于市场需求以及政府的各种扶持和补贴政策，使得企业的规模和生产能力不断扩大，从而导致部分行业产能过剩。从 2003 年起，我国的焦炭、水泥、钢铁、电解铝、铜冶炼、汽车、纺织等以能源原材料为主的重化工行业呈现产能过剩的态势。2008 年世界金融危机爆发后，我国政府进行产业结构调整，大力推动新兴产业发展，煤化工、风能、太阳能光伏等行业均面临产能过剩问题（李钢 等，2013）。产能过剩的结果不仅增加了产业结构调整的困难，影响了经济的持续稳定增长，也给资源环境造成了积重难返的后果。国家统计局数据显示，2012—2013 年电力消费的增长率超过了同期 GDP 增长率的 15%。与国际进行横向比较，根据世界银行 WDI 数据库，2010 年中国的单位产出能源使用量（以每 1 000 美元 GDP 石油使用量计算）为 275.89 千克，远高于美国的 170.53 千克与日本的 126.20 千克，甚至不如印度的 192.31 千克，能源的使用效率较低，造成了资源短缺的形势日益严峻。中国经济增长方式的高污染、高排放特征使环境付出了巨大的代价，各种污染事件层出不穷，各主要城市 PM2.5 浓度严重超标，雾霾现象频发。以各主要城市大气中的 PM10、NO_2和 SO_2浓度为指标，王敏和黄滢（2015）的研究表明，中国的空气环境污染与经济增长并没有呈现出传统的环境库兹涅茨曲线的倒“U”形，而是呈“U”形曲线关系，说明随着经济的进一步增长，空气环境污染非但没有改善，反而有继续恶化的倾向。这使得资源环境对经济增长的硬约束日益加大，给经济增长的可持续性带来巨大压力，导致经济增长质量和效益水平的下降。

4.5.4 分配不公与社会运行成本上升

收入分配不公是制约经济增长质量与社会效益提升的重要影响因素。仅仅注重数量的扩张而忽视分配环节的粗放型增长，加之受二元经济的影响，不仅使中国居民整体的贫富差距持续扩大，也使城乡居民收入差距明显。全社会总体基尼系数已从 1990 年的 0.343 增加到 2008 年的 0.491，至 2014 年为 0.469，严重超过了 0.4 的国际警戒线，并且这一指标还没有明显降低的迹象。近年来，城乡居民收入比虽有缓解的趋势，但仍然接近 3 倍。同时地区之间收入差距也在不断扩大，2014 年人均可支配收入最高地区是同期最低地区的 2 倍还多。由此可见，改革开放以来多年的经济高速增长的成果并没有被广大居民所共同享有。严重的收入分配失衡和区域差距使得贫富两极分化现象日益蔓延，经济发展与改革的动力机制遭到破坏，影响改革与经济发展的持续性，长此下去还会增加社会的不稳定性，甚至可能引发社会震荡和危机。以基尼系数来度量收入分配不平等，有研究表明，在控制其他因素之后，收入分配不平等每上升 1 个百分点，刑事犯罪率就会上升 0.185~0.24 个百分点（吴一平 等，2010）。这反映出收入差距的扩大正在成为影响社会运行成本的重要因素。不仅如此，收入的不平等剥夺了穷人进行物质投资的机会，形成阻碍发展中国家的第一类中等收入陷阱。即使顺利跨越了第一类中等收入陷阱后，过度不平等还会限制穷人进行人力资本投资，致使先进生产部门无法代替落后生产部门，从而形成所谓的第二类中等收入陷阱（贺大兴 等，2014）。同时，贫富差距的持续扩大、收入不平等程度的不断攀升也正在通过资本市场、政治体制、社会环境、市场规模等各种渠道对经济增长产生制约作用，已经成为我国实现经济长期持续增长所面临的重大难题（任保平，2015）。

4.6 本章小结

如何界定广义视角下的经济增长质量内涵是一个富有吸引力的话题。本章结合新常态下的经济、社会和环境背景，在分析现有相关研究的基础上，重新挖掘了经济增长质量的内涵并建立了相应的评价指标体系。将软集合引入经济增长质量的评价，构建了基于软集合参数约简的综合评价模型。该方法完全由数据驱动，能够克服样本小及指标多且存在多重共线性等限制；同时增加指标对于评价结果的影响较小，具有较强的鲁棒性。

利用软集合方法对广义经济增长质量进行评价，结果显示：在 1990—2014 年整个期间，经济增长质量虽在改善，但改善幅度不大，且呈现出一定的周期性。同时，经济增长质量与数量的背离是常态，近年来才开始有所好转。结合对中国经济增长质量不高的主要症状的概括剖析，中国经济增长方式的粗放仍未有根本改观，经济增长的质量问题亟待重视。

5 中国产业结构变迁对经济增长质量的影响测度

产业结构及其变动与经济增长质量关系密切。从前面的分析可以看出，经济结构（其中就包括产业结构）趋优性是经济增长质量的一个重要维度。不仅如此，产业结构的变迁实质上就是要素资源的重新整合过程，生产要素从低效率产业向高效率产业转移，能够提升要素配置效率，同时，产业结构的调整往往会引发技术创新与技术进步，从而提高经济增长质量。本章首先回顾了20世纪90年代以来中国产业结构的变迁历程，以衡量产业结构变迁的各指标为自变量，以分别代表狭义和广义视角下经济增长质量的曼奎斯特指数与QGI指数为因变量，构建了基于软集合的最小二乘支持向量机回归模型，对中国在1990—2014年间产业结构变迁对经济增长质量的影响进行了测算及分析。

5.1 中国产业结构的变迁历程

5.1.1 中国产业结构状况概述

改革开放四十多年来，我国在经济建设领域取得了举世瞩目的伟大成绩，综合国力与人们的生活水平不断提高。伴随着国民经济的持续快速增长，我国的产业结构发生了一系列意义重大且影响深远的变化。

5.1.1.1 三大产业的产值结构变动及特点

20世纪90年代以来，随着社会主义市场经济体制的逐步建立和不断完善，以及各种宏观调控政策与产业结构调整措施的实施，我国产业结构出现了一些积极的改变。1990—2014年，我国第一产业整体上呈持续下降趋势，其产值比重除局部微幅上升外，一直趋于下降，由1990年的27.12%降到2014

年的 9. 20%。第二产业的发展可分为三个阶段：1990—1997 年其产值占比呈上升趋势，由 41. 34%升为 47. 54%；1998—2006 年为调整期，前半期产值占比有所下跌，后半期则开始回升，至 2006 年达到最高点 47. 95%；2007—2014 年产值占比呈现下降趋势，由 47. 34%降为 42. 60%。整体来看，第二产业在 GDP 结构中始终居于最重要的地位，在 GDP 中的比重没有发生大幅度的变化。第三产业的发展则与第一产业的发展表现出截然相反的走势，1990—2014 年第三产业产值占比由 31. 54%上升至 48. 20%，如表 5. 1 所示。

根据配第-克拉克定律，随着一国工业化的发展，第一产业比重将逐步下降，第二、三产业比重将逐步上升。总体来讲，整个期间中国产业结构表现出一定的优化趋势，但第一、二产业比重仍然较高，第三产业发展相对滞后，直至 2013 年第三产业占比才首超第二产业，但是始终未过半。这充分表明我国产业结构的调整是一项长期且艰巨的任务，任重而道远。

表 5. 1　中国三大产业的产出结构　　单位:%

年份	第一产业产值比重	第二产业产值比重	第三产业产值比重	年份	第一产业产值比重	第二产业产值比重	第三产业产值比重
1990	27. 12	41. 34	31. 54	2003	12. 80	45. 97	41. 23
1991	24. 53	41. 79	33. 69	2004	13. 39	46. 23	40. 38
1992	21. 79	43. 45	34. 76	2005	12. 12	47. 37	40. 51
1993	19. 71	46. 57	33. 72	2006	11. 11	47. 95	40. 94
1994	19. 86	46. 57	33. 57	2007	10. 77	47. 34	41. 89
1995	19. 96	47. 18	32. 86	2008	10. 73	47. 45	41. 82
1996	19. 69	47. 54	32. 77	2009	10. 33	46. 24	43. 43
1997	18. 29	47. 54	34. 17	2010	10. 10	46. 67	43. 24
1998	17. 56	46. 21	36. 23	2011	10. 04	46. 59	43. 37
1999	16. 47	45. 76	37. 77	2012	10. 08	45. 27	44. 65
2000	15. 06	45. 92	39. 02	2013	10. 01	43. 89	46. 09
2001	14. 39	45. 15	40. 46	2014	9. 20	42. 60	48. 20
2002	13. 74	44. 79	41. 47				

5. 1. 1. 2　三大产业的就业结构变动及特点

1990—2014 年，第一产业就业人数从 38 914 万人减少到 22 790 万人，其就业人数占比下降了 30. 6%；第二产业就业人数从 13 856 万人增加到 23 099

万人，其就业人数占比上升了8.5%；第三产业就业人数从11 979万人增加到31 364万人，其就业人数占比增加了22.1%，如表5.2所示。

从上述就业数据即可看出，中国的劳动力主要由第一产业流向第二、三产业，其中，流向第三产业的最多，占据了七成多。虽然从总体来看，劳动力投入的变动趋势与产出结构的变动趋势是一致的，但在构成比重上二者仍然有巨大的差异。将表5.1与表5.2中的相关数据进行对比可以看出，第一产业在GDP结构中做出的贡献与其所吸纳的劳动力数量是不成比例的，即便考虑到第一产业的劳动生产率相对较低，人均劳动生产率水平低于第二、三产业，其劳动力水平与产出水平的巨大反差依然十分惊人。这说明第一产业滞留了过多的劳动力。同时，必须注意的是，第三产业的单位劳动力产出明显低于第二产业，这说明第三产业并没有得到充分发展，其吸纳劳动力的能力比较有限。

表5.2 中国三大产业的就业结构 单位:%

年份	第一产业		第二产业		第三产业	
	人数/万人	比重/%	人数/万人	比重/%	人数/万人	比重/%
1990	38 914	60.1	13 856	21.4	11 979	18.5
1991	39 098	59.7	14 015	21.4	12 378	18.9
1992	38 699	58.5	14 355	21.7	13 098	19.8
1993	37 680	56.4	14 965	22.4	14 163	21.2
1994	36 628	54.3	15 312	22.7	15 515	23.0
1995	35 530	52.2	15 655	23.0	16 880	24.8
1996	34 820	50.5	16 203	23.5	17 927	26.0
1997	34 840	49.9	16 547	23.7	18 433	26.4
1998	35 177	49.8	16 600	23.5	18 860	26.7
1999	35 768	50.1	16 421	23.0	19 205	26.9
2000	36 043	50.0	16 219	22.5	19 823	27.5
2001	36 399	50.0	16 234	22.3	20 165	27.7
2002	36 640	50.0	15 682	21.4	20 958	28.6
2003	36 204	49.1	15 927	21.6	21 605	29.3
2004	34 830	46.9	16 709	22.5	22 725	30.6
2005	33 442	44.8	17 766	23.8	23 439	31.4

表5.2(续)

年份	第一产业		第二产业		第三产业	
	人数/万人	比重/%	人数/万人	比重/%	人数/万人	比重/%
2006	31 941	42.6	18 895	25.2	24 143	32.2
2007	30 731	40.8	20 186	26.8	24 404	32.4
2008	29 923	39.6	20 553	27.2	25 087	33.2
2009	28 891	38.1	21 080	27.8	25 857	34.1
2010	27 931	36.7	21 842	28.7	26 332	34.6
2011	26 594	34.8	22 544	29.5	27 282	35.7
2012	25 773	33.6	23 241	30.3	27 690	36.1
2013	24 171	31.4	23 170	30.1	29 636	38.5
2014	22 790	29.5	23 099	29.9	31 364	40.6

5.1.1.3 产业结构的合理性分析

将三大产业的产值结构和就业结构进行综合分析，可以大致判断我国产业结构的发展变化情况。根据衡量产业结构偏离度的泰尔系数，并利用1990—2014年三大产业增加值、三大产业就业人数等相关统计数据，计算我国产业结构偏离度，如表5.3所示。1990—2014年，产业结构偏离度经历了一个波动中下降的过程，从1990年的22.47%降至2014年的12.63%，下降幅度约为43.79%，产业结构的失衡状况有了较为明显的改善。在整个期间，我国产业结构偏离度先上升后下降，产业结构的变迁大致呈现倒“U”形。具体来看，第一产业的结构偏离度为负数，产值比重落后于就业比重，这说明第一产业的劳动生产率偏低，存在大量剩余劳动力待转移；第二、三产业的结构偏离度都为正数，且第二产业的结构偏离度均大于第三产业，说明第二产业的失衡状况更为严重。总的说来，我国产业结构的失衡主要体现在第一、二产业的结构失衡。同时，第三产业结构偏离度较低，并不意味着第三产业结构较协调，这是因为第三产业的产值比重增长缓慢制约了就业比重的增长。

根据库兹涅茨、塞尔奎因和钱纳里等所研究的产业结构演进的国际标准模式，不管是哪种模式，人均GDP与产业结构偏离度呈负相关关系。也就是说，随着人均GDP的持续增加，一个国家的产业结构偏离度会逐渐降低，产业结构的失衡会逐渐得到矫正。根据表5.3中产业结构偏离度的数据与历年人均GDP数据来做相关性分析，得出二者之间的相关系数约为-0.78，属于显著负相关。由此可见，我国产业结构偏离度变化符合产业结构偏离度的国际标准模式的演变规律，即随着我国人均 GDP 的不断增长，产业结构偏离度在逐渐缩小。与美国进行对比，根据美国商务部网站和劳动部网站关于美国产业结构在 2001—2010 年的统计数据，可以算出这 10 年间美国产业结构偏离度的泰尔系数的平均值仅为 0.065%。因此，与美国相比，我国的产业结构失衡状况仍然比较严重。

表 5.3　1990—2014 年中国三大产业的结构偏离度　　单位：%

年份	第一产业	第二产业	第三产业	三大产业
	偏离度 TL_1	偏离度 TL_2	偏离度 TL_3	总偏离度 TL
1990	-21.58	27.22	16.83	22.47
1991	-21.82	27.97	19.47	25.61
1992	-21.52	30.18	19.56	28.21
1993	-20.72	34.08	15.65	29.01
1994	-19.98	33.46	12.69	26.18
1995	-19.19	33.89	9.25	23.95
1996	-18.55	33.49	7.59	22.53
1997	-18.36	33.09	8.82	23.55
1998	-18.30	31.25	11.06	24.01
1999	-18.32	31.47	12.82	25.97
2000	-18.07	32.75	13.65	28.33
2001	-17.92	31.85	15.32	29.25
2002	-17.75	33.08	15.41	30.74
2003	-17.21	34.72	14.09	31.60
2004	-16.79	33.28	11.20	27.70
2005	-15.85	32.60	10.32	27.07
2006	-14.93	30.84	9.83	25.74
2007	-14.34	26.93	10.76	23.35
2008	-14.01	26.40	9.66	22.04
2009	-13.48	23.53	10.50	20.54
2010	-13.03	22.69	9.63	19.29

表5.3(续)

年份	第一产业偏离度 TL_1	第二产业偏离度 TL_2	第三产业偏离度 TL_3	三大产业总偏离度 TL
2011	-12.48	21.29	8.45	17.26
2012	-12.14	18.18	9.49	15.53
2013	-11.44	16.56	8.30	13.41
2014	-10.72	15.08	8.27	12.63

5.1.2 中国工业化进程及内部结构

5.1.2.1 中国的工业化进程

中国的工业化进程可大致划分为两个阶段：一是 1949—1978 年，为传统的社会主义工业化道路时期；二是 1979 年至今，为中国特色的社会主义工业化道路时期。为了使研究期间具有一致性，本节只论述 1990—2014 年中国的工业化进程。

GDP 增长率等于各产业产出增加值比重与各产业部门增长率的加权平均值。1990 年以来，中国第二产业在 GDP 中的比重基本保持在 45%上下窄幅波动。因此，可以通过考察工业部门增长率与 GDP 增长率之间的差异，大致判断工业生产对整个经济的拉动强度。

从图 5.1 可以看出，1990—2014 年中的大多数年份，虽然工业产值增长速度一直保持两位数增长，但在波动中逐渐趋于下降，而真实 GDP 的增长速度则比较平稳，基本上在 7%~14%内徘徊。除了 1998—1999 年、2009 年以及 2012—2014 年，剩下的年份中工业产值增长速度均快于真实 GDP 增长速度。这说明整体来看，我国工业对国民经济的贡献与拉动作用较强。2012 年之后，真实 GDP 增长速度超过了工业产值增长速度，并且差距逐渐拉大，这说明随着我国经济新常态的来临，工业的生产能力有所下降，这有可能是在生产过剩与需求疲软的双重打压下淘汰了一批效率低下且产能过剩的重化工业所致。

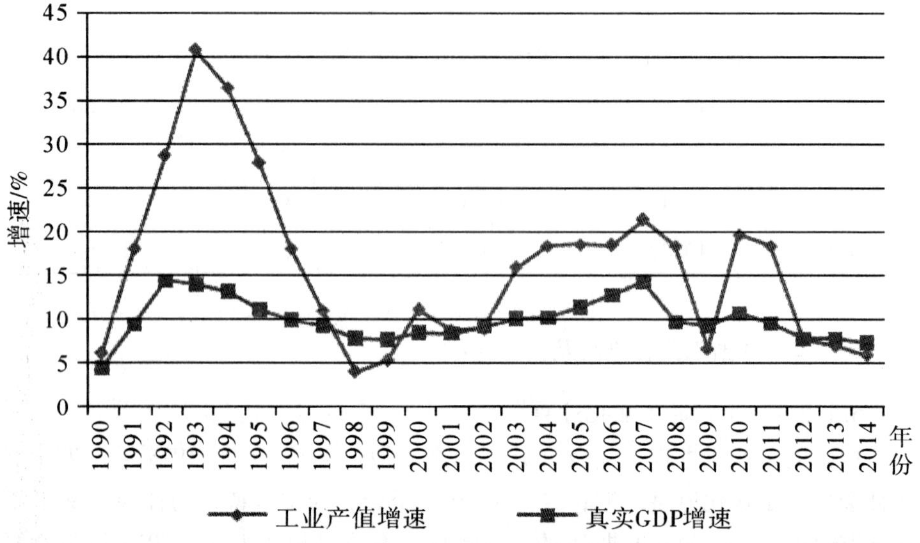

图 5.1 1990—2014 年中国的工业产出与真实 GDP 增长速度

5.1.2.2 中国的工业内部结构

霍夫曼系数（the Hoffman coefficient）是消费品工业净产值与资本品工业净产值的比值。这一指标可以反映一国轻、重工业的比例。霍夫曼系数越小，表示该国重化工业产值的比例越大。利用霍夫曼系数，可以将工业化划分为四个阶段，如表 5.4 所示。

表 5.4 霍夫曼工业化阶段指标及特征

阶段	消费品工业净产值/资本品工业净产值	阶段特征
第一阶段	5（±1）	消费品工业占优势
第二阶段	2.5（±1）	资本品工业迅速发展
第三阶段	1（±1）	消费品工业与资本品工业达到平衡
第四阶段	1 以下	资本品工业占主要地位

目前发达工业国家的霍夫曼系数一般都处于 0.4~0.5。根据世界各国工业化进程的一般规律，工业内部结构变化轨迹是从轻型制造业向重化工业演进，这意味着工业化进程中霍夫曼系数会呈现下降态势。根据中国统计年鉴数据，本章以轻工业和重工业产值（或增加值）来近似替代消费资料与生产资料生产的净产值，计算得出 1990—2014 年我国的霍夫曼系数。从图 5.2 反映的曲

线来看，我国已经进入重工业化阶段，且从轻、重工业的霍夫曼系数变化趋势来看，霍夫曼系数从 1999 年的 0.97 下降到 2014 年的 0.42，从 1990—2014 年整体来看，霍夫曼系数是趋于下降的。霍夫曼系数的不断降低说明我国工业化进程正稳步推进，工业化程度逐渐加深；同时，霍夫曼系数在所有的年份中都小于 1，这说明我国已处在工业化的第四阶段，即工业化的高级阶段。

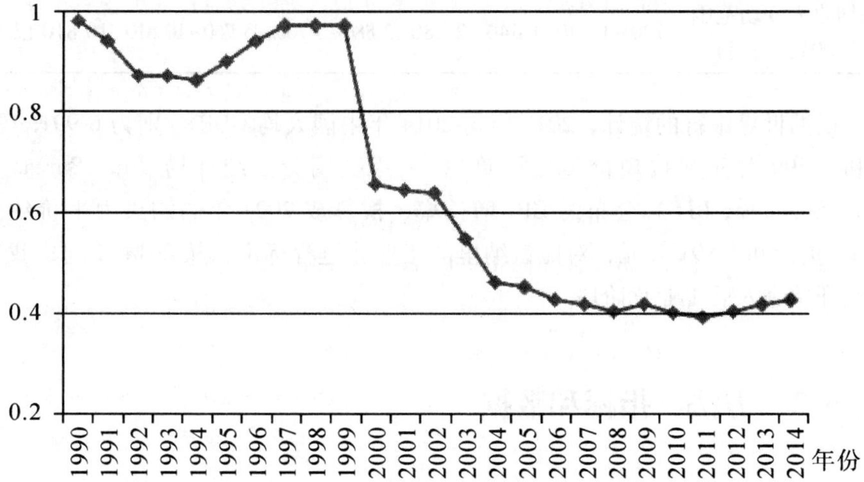

图 5.2　1990—2014 年中国工业化进程中的霍夫曼系数

但是，不能仅凭霍夫曼系数来评定目前中国工业化所处的阶段，需结合钱纳里和塞尔奎因的标准产业结构模型来进行判断。钱纳里认为，产业结构的变动大致上可分为三个阶段，即前工业化阶段、工业化阶段以及后工业化阶段，这其中工业化阶段又可分为前期、中期与后期。上述五个阶段的划分标准主要参照人均收入水平：以 1964 年的购买力平价计算，前工业化阶段的人均收入水平在 100~200 美元；工业化阶段的初期、中期和后期分别对应 200~400 美元、400~800 美元、800~1 500 美元；后工业化阶段的人均收入水平须达到 1 500 美元以上。陈佳贵等（2006）参照钱纳里的计算方法，以美国真实 GDP 和 GDP 平减指数推算出换算因子，将 1964 年的基准收入水平换算到 2004 年，以 2004 年的人均收入水平为判断工业化所处阶段的标准（见表 5.5）。

表 5.5　钱纳里工业化阶段的标志

基本指标	前工业化阶段	工业化阶段			后工业化阶段
		初期	中期	后期	
人均收入变动范围（1964，美元）	100~200	200~400	400~800	800~1 500	1 500 以上
人均收入变动范围（2004，美元）	720~1 440	1 440~2 880	2 880~5 760	5 760~10 810	10 810 以上

根据世界银行的统计，2013 年与 2014 年中国人均 GDP 分别为 6 991.9 美元和 7 590 美元（按现价美元计算），利用美国劳工统计局（the Bureau of Labor Statistics，BLS）公布的 CPI 增长率，换算成 2004 年的购买力平价约为 5 513 美元和 5 891 美元，对照钱纳里的工业化进程标准，从 2014 年起，我国已经开始进入后工业化阶段。

5.2　方法、指标和数据

5.2.1　基于软集合的 LS-SVR 方法

本书的主旨是分析产业结构变迁对经济增长质量的影响，为了与经济增长质量研究的数据区间相匹配，这里依然采用 1990—2014 年的年度统计数据。针对该研究的问题特征，本章建立了一个基于软集合的 LS-SVR 模型，并给出了相应的算法。其主要思想是：由于对产业结构变迁的衡量需要从多角度出发来建立多指标体系，而其中存在一些指标对经济增长质量具有高度相关的共同趋势，容易造成多重共线性，因此首先利用软集合参数约简消除这些冗余指标，保留核心指标，从而优化指标体系；其次运用 LS-SVR 方法来建立经济增长质量中关于产业结构这些核心指标的回归模型，量化测算其对经济增长质量的影响。

利用软集合进行指标优化的具体算法步骤如下：

Step 1：信息系统的构建。以 1990—2014 年为初始论域 Y，以衡量产业结构变迁的各指标作为条件参数 c，狭义及广义下的经济增长质量 MI（曼奎斯特指数）（d_1）和 QGI（d_2）作为决策参数，各个指标在对应年份下的指标值为信息值 a_{ij}，则获得一个关于产业结构变迁对经济增长质量影响的评价信息系统。

Step 2：数据的离散化。对上述评价信息系统进行离散化处理，本章选择等频率法将条件参数指标值离散化为两个定性语言值“低（low）”和“高（high）”，以 0 和 1 表示；将决策参数指标值离散化为-1 和 1 两个元，分别对应着“低（low）”“高（high）”两个定性语言值，得到一个离散的决策信息系统。

Step 3：软集合模型的建立。所有的条件参数构成了条件参数集 C，以 $\{d_1, d_2\}$ 为决策参数集，则上述的决策信息系统对应一个软集合 $(F, C \cup \{d_1, d_2\})$。其中

$$F(c_j) = \frac{\hat{r}_{1j}}{y_1} + \frac{\hat{r}_{2j}}{y_2} + \cdots + \frac{\hat{r}_{25,j}}{y_{25}} (c_j \in C) \tag{5.1}$$

式中，$\hat{r}_{tj}$ 表示第 y_t 年在指标 c_j 下的指标值（$\hat{r}_{tj} \in \{0, 1\}$）。

$$F(d_s) = \frac{d_{1s}}{y_1} + \frac{d_{2s}}{y_2} + \cdots + \frac{d_{25,s}}{y_{25}} (d_s \in \{d_1, d_2\}) \tag{5.2}$$

式中，d_{ts} 表示第 y_t 年经济增长质量的语言参数值（$d_{ts} \in \{\text{low}; \text{high}\}$）。

Step 4：指标优化。利用软集合参数约简，分别求出 C 关于 d_1 和 d_2 的所有约简，获得 d_1 下的核 $\text{Core}(d_1)$ 和 d_2 下的核 $\text{Core}(d_2)$，其交集 $\text{Core}(d_1) \cap \text{Core}(d_2)$ 为影响经济增长质量的产业结构核心指标，得到一个定义在论域 Y 上的软集合，可表示为 $(F, (\text{Core}(d_1) \cap \text{Core}(d_2)) \cup \{d_1, d_2\})$，从而实现指标体系的优化。

Step 5：计算依赖度和重要度。运用软集合依赖度与重要度的概念，分别计算出经济增长质量指标 d_1 和 d_2 对产业结构变迁核心指标集的依赖度 k_1 与 k_2，以及各指标对经济增长质量指数 d_1 与 d_2 的指标重要度。依赖度 k 越大，表明经济增长质量对产业结构变迁的依赖性越强；而指标重要度越大，则表明该指标对经济增长质量分类结果的区分性越强，对经济增长质量的变化影响越大。

利用 LS-SVR 进行影响测算的具体算法步骤如下：

Step 1：数据的预处理。利用经软集合参数约简优化后的产业结构核心指标集 $\text{Core}(d_1) \cap \text{Core}(d_2)$ 来建立参数库，将参数库中的参数和 MI 的单位均统一为百分数形式，与 QGI 的单位相匹配，并对各参数值进行归一化，这里对参数值采用

$$\lambda_i = \frac{a_i - \bar{a}_i}{\sigma} \tag{5.3}$$

进行归一化处理，其中 $\bar{a}_i$ 与 σ 分别表示 $a_i(i = 1, 2, \cdots, m)$ 的均值和标准差。

Step 2：核函数的选定。LS-SVR 的构建主要依赖于核函数的选择，核函数对分类具有较大影响，不恰当的核函数会造成很差的分类结果，同时目前尚无有效的选择核函数的学习方法，因此只能通过不同核函数的试验结果反复对比来确定。本章通过实验结果比较，选择的是径向基核函数。

Step 3：基于 LS-SVR 的训练学习。以 1990—2010 年为训练样本，输入 LS-SVR 模型，得到基于此训练样本下的 LS-SVR 模型。使用测试样本（2011—2014 年）判断此模型是否达到预测精度要求，如达到，则转入下一阶段；如未达到，则运用直接搜索算法来优化参数，直到满足精度要求。

Step 4：基于 LS-SVR 的影响测算。为量化自变量的变化对因变量所产生的影响，将自变量各年的数据分别外推 Δi 个单位，代入以上基于最优参数的 LS-SVR 模型，得到指标值变动后的预测值。将其与原始值相比较，从而量化产业结构各指标对经济增长质量的影响。

相应的算法流程图如图 5.3 所示，本章利用 MATLAB R2010a 实现上述算法，具体 MATLAB 程序代码见附录。

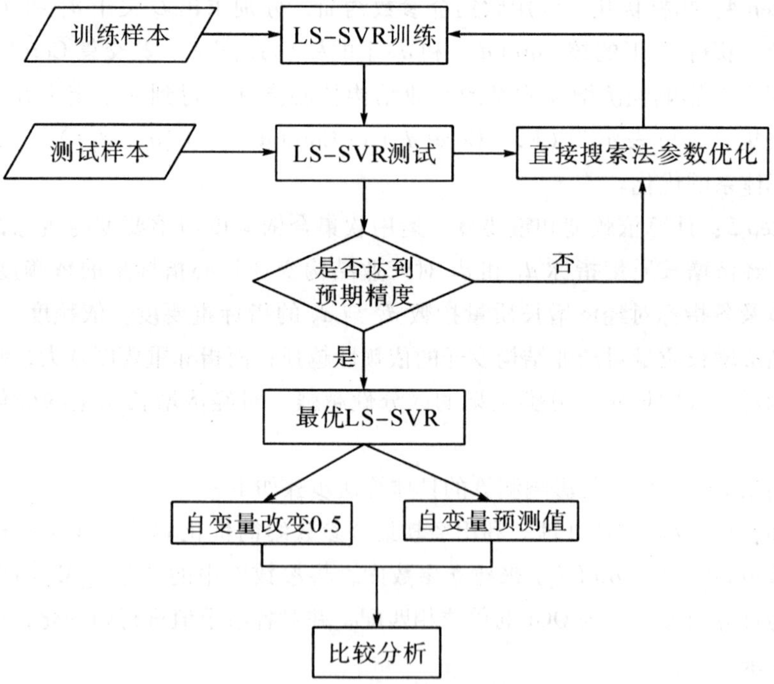

图 5.3　算法流程

5.2.2 指标和数据说明

对于狭义及广义视角下经济增长质量的表示，本章分别选用前文所测算的MI和QGI指数来度量。对于产业结构指标，本章构建了一个衡量产业结构变迁程度的多维度多指标体系，包括五个方面：产值结构、就业结构、产业发展、产业结构合理化和产业结构高级化。其中，产业结构合理化的内涵是努力促进要素投入和产出结构的耦合，而产业结构高级化的实质则是第三产业的继续发展和传统制造业的转型升级。对于产业结构高级化的衡量较为复杂，一般是根据克拉克定律采用非农业产值比重作为产业结构高级化的指标，但随着20世纪70年代信息产业为代表的第三次科技革命对传统产业结构形成巨大冲击，经济的“服务化倾向”日趋明显，非农产业比重已经无法全面衡量产业结构的这种动向。干春晖等（2011）认为第三产业产值与第二产业产值之比（记作“TS”）能够清楚地揭示出产业结构是否朝着“服务化”的方向发展，因而可以作为衡量高级化的一个更好的度量指标。若TS值不断上升，则意味着经济体愈加倾向服务化，产业结构也在升级。但是，TS既没有区分第二产业中的传统制造业与高科技产业，也没有区分第三产业中的传统服务业与现代服务业，因而单纯利用TS来衡量产业结构高级化程度显得过于笼统。为弥补此不足，本章引入另一个被广泛采用的衡量产业结构高级化的角度值指标（记作“UPG”）（付凌晖，2010）。其定义如下：首先根据三大产业划分将GDP分为三个部分，将各产业增加值占GDP的比重作为空间向量中的一个分量，从而构成一组三维向量 $X_0=(x_{1,0},\ x_{2,0},\ x_{3,0})$ 。接着分别计算 X_0 与产业从低层次到高层次排列的向量 $X_1=(1,\ 0,\ 0)$ 、$X_2=(0,\ 1,\ 0)$ 、$X_3=(0,\ 0,\ 1)$ 的夹角 θ_1、θ_2、θ_3。

$$\theta_j=\arccos\left(\frac{\sum_{i=1}^{3}(x_{i,\ j}\cdot x_{i,\ 0})}{\left(\sum_{i=1}^{3}(x_{i,\ j}^2)^{1/2}\cdot\sum_{i=1}^{3}(x_{i,\ 0}^2)^{1/2}\right)}\right),\ j=1,\ 2,\ 3 \tag{5.4}$$

定义产业结构高级化角度值UPG的计算公式如下

$$\text{UPG}=\sum_{k=1}^{3}\sum_{j=1}^{k}\theta_j \tag{5.5}$$

UPG值越大，表明产业结构高级化水平越高。

产业结构指标体系中每个方面均对应着一些代表性指标，总共包含13个指标，具体指标如表5.6所示。

表 5.6　产业结构衡量指标体系构建

指标类型	指标名称	指标代码
产值结构	第一产业产值比重	c_1
	第二产业产值比重	c_2
	第三产业产值比重	c_3
就业结构	第一产业就业比重	c_4
	第二产业就业比重	c_5
	第三产业就业比重	c_6
产业发展	第一产业产值增长率	c_7
	第二产业产值增长率	c_8
	第三产业产值增长率	c_9
产业结构合理化	泰尔系数（TL）	c_{10}
	霍夫曼系数	c_{11}
产业结构高级化	第三产业产值与第二产业产值之比（TS）	c_{12}
	产业结构高级化角度值（UPG）	c_{13}

需要说明的是，广义经济增长质量指数合成与产业结构指标体系均考虑到衡量产业结构合理化的影响，这符合二者的基本概念和内涵。为克服二者之间的内生性问题，本章采用 LS-SVR 法构建的产业结构变迁与广义经济增长质量之间的非线性关系模型有别于传统的计量模型，所获得的回归系数是与核函数相对应的一个向量，并不具有传统回归方程中自变量系数的解释功能，但可以较为准确地反映二者之间非线性变化的数量关系。

所有的原始数据均来源于《中国统计年鉴》（1991—2015 年），利用历年统计年鉴数据，并根据指标计算公式，即可获得相关指标数据，见附录 A 的附表 2。

5.3　测算结果及分析

5.3.1　产业结构指标体系优化结果

运用上节提出的软集合指标优化算法，对产业结构变迁关于经济增长质量影响的指标进行约简优化，约简后的具体结果如表 5.7 所示。

表 5.7 产业结构指标约简

	名称	约简
狭义（MI）	Red_1	$\{c_1, c_2, c_7, c_9, c_{10}, c_{12}\}$
	Red_2	$\{c_2, c_3, c_7, c_9, c_{10}, c_{12}\}$
	Red_3	$\{c_2, c_7, c_9, c_{10}, c_{11}, c_{12}\}$
广义（QGI）	Red_4	$\{c_2, c_7, c_{10}, c_{12}\}$
核心指标	$Core(d_1) \cap Core(d_2)$	$\{c_2, c_7, c_{10}, c_{12}\}$

根据约简结果可知，第二产业产值比重（c_2）、第一产业产值增长率（c_7）、衡量整体产业结构合理化的 TL 系数（c_{10}）和以“服务化倾向”来衡量产业结构高级化的 TS 系数（c_{12}）对狭义及广义经济增长质量影响较大。以约简后的核心指标 $Core(d_1) \cap Core(d_2) = \{c_2, c_7, c_{10}, c_{12}\}$ 作为条件参数集，得到描述产业结构变迁对经济增长质量影响的软集合（F，$\{c_2, c_7, c_{10}, c_{12}\} \cup \{d_1, d_2\}$），如表 5.8 所示。

表 5.8 描述产业结构变迁核心指标对经济增长质量影响的软集合模型

Y	c_2	c_7	c_{10}	c_{12}	d_1	d_2
1990	0	1	0	0	low	low
1991	0	0	1	0	high	low
1992	0	1	1	0	high	high
1993	1	1	1	0	high	high
1994	1	1	1	0	high	high
1995	1	1	0	0	low	low
1996	1	1	0	0	low	low
1997	1	0	0	0	low	low
1998	0	0	0	0	low	low
1999	0	0	1	0	low	low
2000	0	0	1	0	high	low
2001	0	0	1	1	high	high
2002	0	0	1	1	low	high
2003	0	0	1	1	low	high

表5.8(续)

Y	c_2	c_7	c_{10}	c_{12}	d_1	d_2
2004	0	1	1	1	low	high
2005	1	0	1	0	high	high
2006	1	0	1	0	high	high
2007	1	1	0	1	high	high
2008	1	1	0	1	low	low
2009	1	0	0	1	low	low
2010	1	1	0	1	high	low
2011	1	1	0	1	low	low
2012	0	1	0	1	low	low
2013	0	0	0	1	low	high
2014	0	0	0	1	high	high

分别以 d_1 和 d_2 为决策参数，计算出狭义经济增长质量对产业结构变迁的依赖度为 0.52，广义经济增长质量对产业结构变迁的依赖度为 0.84，这表明经济增长质量的变化均较大程度上依赖于产业结构的转变。相较于狭义情况，广义经济增长质量对产业结构变迁的依赖性更强。

进一步可以计算出产业结构各指标关于狭义及广义视角下经济增长质量的重要度，结果如表 5.9 所示。

表 5.9　各核心指标的重要度

指标	c_2	c_7	c_{10}	c_{12}
重要度（关于 d_1）	0.16	0.16	0.40	0.20
重要度（关于 d_2）	0.36	0.32	0.44	0.44

从表 5.9 不难看出，无论是狭义还是广义，产业结构合理性（c_{10}）和高级化（c_{12}）的重要度较高，对经济增长质量影响较大，尤其是产业结构合理性的重要度最高，故对经济增长质量的影响也最大。

5.3.2　产业结构变迁对经济增长质量影响测算

5.3.2.1　数据训练与模型获得

以 $\{c_2, c_7, c_{10}, c_{12}\}$ 为自变量，狭义视角下衡量经济增长质量的 MI 为因变量，根据上文的算法步骤，将训练集中的样本输入 LS-SVR 模型，通过直接搜索算法来寻找最优参数，经过多次循环，得到最优参数 $\gamma = 21.318$，$\sigma = 0.0017$。从而得到产业结构变迁对狭义视角下经济增长质量影响的 LS-SVR 模型

$$f(x, w) = y(x) = \sum_{i=1}^{m} \alpha_i \kappa(\mathrm{x}, \mathrm{x}_i) \tag{5.6}$$

其中

$$\alpha_i = [-1.66, 0.88, 2.88, 1.41, 0.21, -0.33, -0.19, -0.26, -0.19, -0.46, 0.01, -0.33, -0.19, -1.06, -1.33, -0.13, 0.34, 1.14, -0.26, -0.53, 0.07]^T$$

$$\kappa(\mathrm{x}, \mathrm{x}_i) = \exp\left(-\frac{\| \mathrm{x} - \mathrm{x}_i \|^2}{2 * 0.0017}\right), \ i = 1, 2, \cdots, 21,$$

$$y = \mathrm{MI}, \ \mathrm{x} = [c_2, c_7, c_{10}, c_{12}]$$

从模型拟合的集中趋势和离散程度来看，训练集的回归结果与实际结果之间的平均绝对误差约为 0.99，平均相对误差绝对值为 0.000 959，预测误差的标准差为 1.03；测试集的回归结果与实际结果之间的平均绝对误差约为 1.02，平均相对误差绝对值为 0.000 999，预测误差的标准差为 0.56（具体结果见表 5.10）。由此可以看出，LS-SVR 模型的拟合效果较好。

同理，以 $\{c_2, c_7, c_{10}, c_{12}\}$ 为自变量，广义维度下衡量经济增长质量的 QGI 为因变量，代入 LS-SVR 模型，利用直接搜索法获得最优参数 $\gamma = 321.387$，$\sigma = 0.1051$。

从而得到产业结构变迁对广义视角下经济增长质量影响的 LS-SVR 模型

$$f(x, w) = y(x) = \sum_{i=1}^{m} \alpha_i \kappa(\mathrm{x}, \mathrm{x}_i) + 3.9652 \tag{5.7}$$

其中

$$\alpha_i = [-3.47, -1.35, 0.84, 1.10, 0.74, 0.12, 0.01, -0.32, -0.48, -0.19, -0.01, 0.07, 0.18, 0.37, 0.35, 0.49, 0.94, 1.94, -1.06, -0.29, -0.01]^T$$

$$\kappa(\mathrm{x}, \mathrm{x}_i) = \exp\left(-\frac{\| \mathrm{x} - \mathrm{x}_i \|^2}{2 * 0.1051}\right), \ i = 1, 2, \cdots, 21,$$

$$y = \mathrm{QGI}, \ \mathrm{x} = [c_2, c_7, c_{10}, c_{12}]$$

从模型的拟合效果来看，训练集的平均绝对误差约为 4.00，平均相对误差绝对值为 0.001 79，其预测误差的标准差为 0.12；测试集的平均绝对误差约为 6.35，平均相对误差绝对值为 0.002 89，其预测误差的标准差为 0.88（具体结果见表 5.10）。这表明 LS-SVR 模型的拟合效果良好。

表 5.10　最优 LS-SVR 模型拟合误差

因变量		年份	平均绝对误差	平均相对误差绝对值	预测误差标准差
MI	训练集	1990—2010	0.99	0.000 959	1.03
	测试集	2011—2014	1.02	0.000 999	0.56
QGI	训练集	1990—2010	4.00	0.001 79	0.12
	测试集	2011—2014	6.35	0.002 89	0.88

5.3.2.2　影响测算

鉴于产业结构变迁指标对经济增长质量的影响可能存在一些不确定性，有必要将产业结构和经济增长质量之间的关系分阶段来进行研究。结合经济史学家对我国改革进程的阶段划分（汪海波，2008），本章将研究的时间区间1990—2014 年划分为 3 个阶段来分析：1990—2000 年、2001—2010 年、2011—2014 年。在保证预测精度的情况下，接下来将对各自变量的数值进行增量变化，以测算其对经济增长质量的作用。测算分成两个部分进行：

①单变量增加 0.5，并保持其余指标不变，测算经济增长质量指数的增加值。

②所有变量增加 0.5，测算经济增长质量指数的增加值。

具体测算结果如表 5.11 所示。

表 5.11　产业结构变迁对经济增长质量影响测算

自变量增加 0.5	年份	MI 平均增加值	MI 平均增加率	QGI 平均增加值	QGI 平均增加率
c_2	1990—2000	-0.309 5	-0.002 7	3.288 1	0.038 6
	2001—2010	0.157 1	0.003 4	-3.077 3	-0.011 2
	2011—2014	0.102 8	0.001 1	-4.784 7	-0.113 9
c_7	1990—2000	-0.170 4	-0.001 5	1.590 6	0.018 7
	2001—2010	0.187 4	0.001 9	1.466 1	0.007 2
	2011—2014	0.213 7	0.002 3	-1.270 4	-0.030 0
c_{10}	1990—2000	-0.309 2	-0.002 7	3.305 2	0.039 2
	2001—2010	0.340 1	0.003 4	-6.146 3	-0.029 9
	2011—2014	0.315 5	0.003 2	-5.851 6	-0.138 0

表5.11(续)

自变量增加0.5	年份	MI平均增加值	MI平均增加率	QGI平均增加值	QGI平均增加率
c_{12}	1990—2000	-0.210 7	-0.001 9	2.813 7	0.032 5
	2001—2010	0.231 7	0.002 3	-1.452 9	-0.004 9
	2011—2014	0.321 6	0.003 4	4.883 5	0.116 1
全部	1990—2000	-1.001 3	-0.008 9	10.999 1	0.128 9
	2001—2010	0.916 9	0.011 1	-9.211 9	-0.039 0
	2011—2014	0.954 2	0.010 1	-7.024 8	-0.165 8

以最近一期2011—2014年为考察对象，对其描述及分析如下：

①单变量增加0.5，其余指标保持不变。

第二产业产值比重指数增加0.5个单位，MI指数增加，表明增加第二产业产值比重会小幅提升狭义视角下的经济增长质量，即经济增长效率；但同时QGI指数大幅度减少，表明增加第二产业产值比重会加剧恶化广义视角下的经济增长质量。

第一产业产值增长率指数增加0.5个单位，MI指数增加，表明提高第一产业产值增长率一定程度上促进经济增长效率的提升；但同时QGI指数减少，表明第一产业产值增长率的增加会抑制广义视角下的经济增长质量。

泰尔系数TL指数增加0.5个单位，MI指数增加，表明产业结构偏离度扩大反而会提高经济增长效率，但提高程度较小；但同时QGI指数明显下降，表明产业结构偏离度进一步扩大对广义视角下经济增长质量的改善有较大的副作用。

第三产业与第二产业产值之比TS指数增加0.5个单位，MI指数与QGI指数均有所上升，表明不论是狭义视角还是广义视角，产业结构高级化程度的加深对经济增长质量的改善都有较为明显的促进作用。

由上述结果可知，产业结构各优化指标指数的增加对狭义经济增长质量的提升存在激励作用，但不明显，因而这种激励效应在相当程度上具有不确定性。同时，它对广义经济增长质量的影响较大，具有明显的放大效应，这使得产业结构变迁与广义经济增长质量之间的影响关系相对更明确，故以广义经济增长质量为判断标准更能确切反映产业结构变化的影响和后果。

②所有变量都增加0.5。

根据表5.11不难看出，在最近一期2011—2014年中，若所有变量都增加0.5，则MI指数增加0.954 2，这主要是得益于衡量产业结构高级化程度的TS

指数对提升狭义视角下经济增长质量的促进作用；而 QGI 指数则会下降 7.024 8，其原因在于仅有 TS 指数会改善广义视角下经济增长质量状况，其余指标值的增加均对经济增长质量提高存在负向作用，其中 TL 指数对经济增长质量的负向作用最大。以上表明产业结构变迁对狭义和广义视角下经济增长质量改善的影响方式存在着差异，单纯促进经济效率提升并不一定会改善整体经济增长质量状况。总体来说，产业结构变化对广义经济增长质量的影响要大于对狭义经济增长质量也即经济增长效率的影响。同时还可以看出，在 2011—2014 年，对经济增长质量影响最为显著的是产业结构的合理化与高级化，其次为第二产值比重以及第一产业的发展，其中产业结构合理化对中国经济增长质量的影响最大，这也进一步验证了软集合方法对指标重要度的测定结果。

由此可见，新常态时期，国家在制定相关的产业结构政策时，应首先强调产业结构合理化，不断进行“纠偏”使之趋向协调发展；其次需要积极突破阻碍产业结构高级化的种种约束限制，稳步推进产业结构高级化，充分发挥产业结构转型与优化升级对经济增长质量的持续推动力；同时也需注意化解第二产业中面临的产能严重过剩矛盾，尤其是资源、基建、传统制造业等行业的产能结构性过剩，降低第二产值比重，优化第二产业的产出结构；最后应更加注重通过政策引导将工业与服务业中的新理念、新技术等导入第一产业中，以主要依赖第一产业的生产效率提高而非投入要素增加的集约型方式来促进第一产业发展。

5.4 本章小结

本章使用基于软集合的 LS-SVR 方法对产业结构变迁对经济增长质量的影响进行了定量分析。软集合的参数约简能优化衡量产业结构变迁的指标体系，消除对经济增长质量影响较小甚至没有影响的干扰指标，而适应小样本且经直接搜索法优化参数后的 LS-SVR 方法能够较为精确地测算产业结构变化对经济增长质量的影响。研究结果表明：第二产业产值比重、第一产业产值增长率、整体产业结构的合理化与高级化对狭义与广义经济增长质量均能产生一定影响，且各指标对经济增长质量的影响表现出阶段性特征。1990—2014 年，对经济增长质量影响相对较大的是产业结构合理化与高级化，尤其是产业结构合理化。由于我国产业结构的失衡状况仍比较严重，因此，从产业结构角度来看，这是导致我国经济增长质量难以明显改善的最大制约因素。

6 结论与研究展望

在前文理论分析与经验研究的基础上，本章对全书所获得的主要结论进行归纳总结，据此给出提升中国经济增长质量的政策建议，最后指出了本书的研究不足以及进一步的研究设想。

6.1 主要结论

本书主要使用软集合以及软集合框架下的支持向量机回归方法研究了中国产业结构变迁对经济增长质量的影响。先是回顾了传统经济增长质量研究中的内涵界定、指标体系构建与测度方法选取，结合新常态时期我国经济增长质量的现实背景和发展要求，对广义经济增长质量内涵进行重新界定，利用基于数据包络分析的曼奎斯特指数法和基于软集合参数约简的综合评价模型分别测算了20世纪90年代以来在狭义及广义视角下我国的经济增长质量状况。然后，从产值结构、就业结构、产业发展、产业结构合理化与产业结构高级化五个方面来衡量产业结构变化，运用软集合的参数约简对产业结构各具体指标进行筛选，把对经济增长质量影响较小的指标去掉，并以约简后指标作为研究对象，采用最小二乘支持向量机回归模型对这些指标对经济增长质量影响的数量关系进行测算。软集合与支持向量机方法在处理小样本问题上具有独特的优势，能够解决指标个数较多甚至超过样本数的评价问题，这与研究问题的小样本数据特征相契合。本书获得的结论主要有：

①狭义视角下的中国经济增长质量评价

结论1：经济增长数量与狭义经济增长质量在所研究的时间区间（1990—2014年）内整体上不匹配，但近年来这种不匹配现象有所缓和。

结论2：近年来狭义经济增长质量在逐步改善，且改善趋势比较稳定，但幅度较小。

结论 3：对狭义经济增长质量起提升作用的主要是技术进步，而技术效率贡献不明显。

②广义视角下的中国经济增长质量评价

结论 4：广义经济增长质量是经济、社会与环境的三者耦合，其内涵包括效率性、趋优性、稳定性、创新性、共享性与包容性六个维度特征。

结论 5：广义经济增长质量在逐步改善，但改善势头仍不稳定。

结论 6：无论是狭义还是广义，经济增长质量与数量的相互背离是常态，但近年来背离趋势在逐渐缓和。

③产业结构变迁对经济增长质量的影响测度

结论 7：第一产业发展、第二产业产值比重以及产业结构的合理化与高级化对经济增长质量具有一定影响。

结论 8：与狭义相比，广义经济增长质量提升对产业结构的依赖性更强。

结论 9：优化后的产业结构各指标对狭义与广义经济增长质量的影响机制及影响程度存在较大差异，且呈现出明显的阶段性特征。

结论 10：产业结构合理化与高级化尤其是合理化对经济增长质量影响较大。

结论 11：对当下的中国经济而言，若产业结构的不合理态势进一步加剧，会严重恶化经济增长质量。

结论 12：若产业结构的高级化程度提升，则会显著改善经济增长质量。

通过归纳总结关于产业结构变迁对经济增长质量的研究结果，本书形成了以下三点主要结论：第一，无论是从狭义还是广义视角，中国经济增长质量与数量都存在着不一致的现象，且凸显出明显的高速度、低质量特征。虽然这种质量与数量的背离趋势近年来有所缓和，但仍值得重点关注。第二，如同中国经济的市场化改革进程一样，中国产业结构的演变并不是一帆风顺的，而是多有曲折，正是产业结构变迁的复杂性导致经济增长质量呈现明显的阶段性特征。第三，以最近一期（2011—2014 年）来看，第一产业的低效率增长、第二产业产值比重过重以及产业结构不合理对中国广义经济增长质量均具有抑制作用，而产业结构的高级化趋向则对经济增长质量具有促进作用。其中，导致广义经济增长质量不高的主要原因在于产业结构不合理以及高级化趋向缓慢，其中又以不合理为最主要因素。具体原因可能在于两点：其一，合理化与高级化是构成产业结构调整优化升级的两个基点。在目前中国经济下行压力较大的情况下，此时最重要的是进行结构性调整以扭转产业失衡，一味追求产业结构升级对经济增长质量的提升作用相对有限；其二，随着工业化进程的逐渐深入，所释放的“结构红利”也在逐步消失，相比于产业结构的合理化调整，单纯的产业结构升级对经济增长质量的持续推动作用相对较弱，且存在一定的时滞。因此，政府在制定产业结构政策时，应将产业结构合理化即“纠偏”摆在最为重要的位置，这是制定产业政策的首要考虑因素，也是新常态下改善中国经济增长质量的破题之举。

6.2 政策建议

将数量视角切换成质量视角、更加注重提高经济增长质量与效益是新常态时期中国经济增长的主题。经济结构性问题尤其是其中的产业结构性问题是制约中国经济增长质量和效益的重要因素。当前中国的产业结构不尽合理已经成为共识，同时我国也处在从“工业型经济”向“服务型经济”过渡的关键阶段，产业结构合理化与高级化已刻不容缓，此外某些行业如重化工业面临的产能过剩和传统农业的生产效率低下问题亟待解决。因此，需要积极推进产业结构转型升级以促进未来中国经济增长质量和效益的提高。由于合理化内涵的实质是努力促进要素投入结构与产出结构的耦合，高级化的实质是第三产业的继续发展与制造业的升级，结合此前的分析，本书对于如何从产业结构调整的视角来提高中国经济增长质量提出一些比较具体的政策建议。

6.2.1 发展现代农业，提高农业生产效率

我国第一产业（主要指农业）发展仍然比较滞后。从产值结构与就业结构的关系来看，2014 年中国三次产业增加值比重依次为 9.2%、42.6%、48.2%，而其就业比重依次为 29.5%、29.9%、40.6%，可以看出农业劳动力比重大幅高于农业增加值比重，这不仅表明第二、三产业对于农业剩余劳动力的吸纳不足，同时也说明农业的结构效益低。舒尔茨在其著作《改造传统农业》中指出发展中国家的传统农业是无法对现代经济增长做出贡献的，唯有将其改造为高效率的现代农业才能成为经济增长的原动力。要实现农业产业结构的优化升级以改善经济增长质量，就必须发展现代农业，转变农业发展方式，利用制度激励、技术进步来提高农业生产效率，为农村劳动力的转移提供空间。具体对策如下：

一是积极推进农村土地使用权流转。伴随着新型城镇化的浪潮，我国农业发展应该加快土地制度改革，在土地制度创新上有所突破，在尊重农民意愿、

保护农民利益的基础上积极培育土地使用权市场，使土地作为生产要素能够自由流动。土地使用权的流转，不仅能使农民获得收益分红，而且也可推动土地的规模化、集约化经营，促进农业产业化发展，提高农业生产效益。

二是改革城乡二元户籍制度。二元户籍制度改革的目的不仅在于消除户籍歧视，更重要的是取消农民向城市的迁徙限制，推动农村剩余劳动力向非农化转移。这一方面可以提高农村转移劳动力收入，另一方面可以为非农业的发展提供要素支持，从而顺利跨越“刘易斯拐点”。可行的二元户籍制度改革路径在于将户籍制度与其他制度如社会保障制度剥离开来，降低农民向非农化流动的交易成本。

三是深化整合农业产业链。农业产业化经营是现代农业的发展趋势。大力发展农业产业化经营，尽量延长产业链条，让农民深入参与产业链生产、加工、销售和出口等环节的经营活动，并相应获取各环节的利润份额，特别是在提高农产品科技含量的环节中参与分工分配，实现大幅度增收。实现农业规模化、产业化，还能扩大农产品的深加工程度，这样不仅能满足消费者的差异化需求，而且还能为农民带来更多实惠。

四是扶持建立农民合作经济组织。当前我国农业生产仍面临小农户、大市场的不对称性问题，这使得农民在农产品交易中往往处于劣势地位，不利于农业的发展。因此，可在农户拥有自由进入与退出选择机制的前提下，鼓励和扶持农户建立合作经济组织，一端连接生产基地，另一端连接国内外市场，发挥一体化的经济功能，通过集体行动减少交易费用，提升农产品的议价权，增加农民收入。

五是以农业科技创新促进现代农业发展。加大对农民的科技知识培训，使他们了解更多、更新的农业科技知识，以便更好地进行农业生产。加强农民、企业与科研机构的三方合作，提高农业生产率。推广农业适用技术，提高农产品科技含量，降低生产成本，增加农产品附加值。与现代物流技术、信息技术等深度结合，如通过农业电子商务平台拓展销售渠道，推进农业的现代化发展。

6.2.2 化解过剩产能，优化工业结构体系

以工业为主的第二产业一直以来就是中国经济的中流砥柱，同时也是中国经济腾飞的最强大引擎。中国虽已步入后工业化阶段，工业化水平有了长足的进步，但如前所述，以工业为代表的第二产业所占产值比重过大以及其就业结构与产出结构的严重不匹配导致的整体产业结构不合理状况比较突出是导致我

国经济增长质量水平不高的主要原因。因此，要实现工业结构的优化升级以提升经济增长质量水平，需要化解过剩产能，尤其是结构性过剩产能，逐步改善我国工业结构不合理状况，提高工业自主创新能力和品牌价值，倡导工业绿色发展以缓解能源约束矛盾和降低环境压力。具体对策如下：

一是处置“僵尸企业”，淘汰落后过剩产能。“僵尸企业”是指那些缺乏自生能力但能够获得放贷者或政府支持而继续存活的企业，一般属于夕阳产业。清理“僵尸企业”，或关闭，或兼并重组，或进行技术改造，不仅能有效化解过剩产能，创造出新的经济增长点，而且还能腾笼换鸟，培植新兴产业，提高供给体系的质量和效率，实现供给侧的结构性改革。

二是承接产业转移，凸显地区比较优势。我国的整体产业布局是：东部沿海地区工业和制造业密集，而中西部地区则劳动力成本低、自然资源丰富、政策红利多。将东部地区的劳动力和资源密集型产业向中西部地区转移，形成优势互补的区域产业布局，可以发挥地区比较优势，推进工业结构优化升级。

三是重塑国际产业分工格局，向价值链高端转移。在全球价值链（GVCs）的分工体系中，长期以来我国处在链条的中低端。由于劳动力价格的攀升，大量劳动密集型外企向东南亚迁移，我国出口的低成本比较优势已不复存在。近年来，随着经济全球化的深入发展与国际分工日趋细化，全球产业链条重构。我国应借助产业链重构契机，改变生产低附加值产品，加大研发力度，增加出口产品的附加值，向价值链中高端延伸，引导更多企业“走出去”，以加快工业结构升级。

四是推进工业技术进步，以高新技术改造传统工业。工业结构的优化升级受到多重因素影响，但其根本驱动力在于工业技术的进步。以智能制造技术、新能源、生物技术、信息技术等高新技术来改造传统工业，如传统制造业嫁接互联网思维，即“互联网+传统制造业”，是使我国传统制造业重焕生机的有效措施，也是我国工业结构转型升级的现实路径。

五是注重节能环保，实现工业绿色低碳发展。虽然工业产值占 GDP 比重整体有所下降，但工业一直是国民经济的主体产业，是资源消耗和污染物排放的主要领域。我国 2013 年的 GDP 总量约为美国的 55%，但二氧化碳排放总量将近美国的两倍，同年我国环境污染治理费用超过 9 000 亿元，达到 GDP 总额的 1.54%。同时，国际社会对环保问题的关注度也越来越高。一个典型的事实是，一些国家开始对高能耗的进口产品征收碳关税。为应对此种挑战，中国工业迫切需要加快绿色转型，以单位 GDP 能耗、单位 GDP 碳排放强度及主要污染物排放总量作为约束性指标，推动工业完成节能减排，实现资源节约型、环境友好型的包容性增长。

6.2.3 加大政策扶持，大力助推现代服务业

服务经济为主的产业结构是一国或地区经济发达的重要标志。一般认为，服务业（指第三产业）增加值或服务业就业比重超过60%，即可被认为进入了服务经济时代。目前我国服务业产值比重不足GDP的一半，服务业对农业与工业的支撑力度不够，是三大产业均衡发展中的“短板”。据前文分析可知，若产业结构的服务化倾向进一步加强，即高级化程度加深，则对经济增长质量会有明显提升作用。因此，应加大政策扶持，积极发展现代服务业，提升服务业的发展层次，进一步提高第三产业的产值比重与就业比重。具体对策如下：

一是逐渐打破垄断，建立竞争有序的市场。我国的现代服务业发展很不充分、层次难以提升的一个重要原因在于存在行政垄断等体制性障碍。当务之急便是对一些亟须发展的现代服务行业，如现代物流、金融、商务等，基于其行业特点，不同程度地进行市场化改革来降低进入门槛，引入竞争者与竞争机制，逐渐消除制约现代服务业发展的体制性因素。

二是消除政策歧视，营造平等发展环境。已有发展实践充分证明，没有相关生产者服务支撑的商品生产不仅难以在现代市场竞争条件下持续生存，也难以形成竞争力。在我国目前的政策环境下，服务业与制造业所面临的外部环境差异较大，服务业受歧视的现象比比皆是，有形产品的生产获得了普遍重视，而除产品生产以外的其他服务环节则不被重视。因此，需要消除政策上的歧视，营造公平平等的产业发展环境，促进产业间的协调发展。

三是明确角色定位，加大基础服务领域投资力度。现代服务业发展居于主体地位的是企业，而不是政府，政府的主要作用应是弥补市场失灵和对一些公共基础服务领域提供支持。市场这只“看不见的手”有时会失灵，政府这只“看得见的手”应当在市场失灵时予以弥补。在一些公共基础设施投资建设以及基础技术研发领域，如环保产业，由于投资大、周期长、风险高等原因，民间企业不愿进入，此时政府应当进入并承担关键角色。在一些风险投资、技术研发层面，政府应对相关企业提供“边际支持”，如税收减免、技术转移等。

四是加强制度建设，规范行业标准。我国服务业面临的一个突出问题是市场规范化程度较低，企业的信用不高，竞争秩序比较混乱。一些新兴服务行业缺乏一整套成熟的行业规范与服务标准，企业竞争与价格行为较为混乱，而对服务质量的担心会打击消费者的信心，抑制其消费需求。应加快相关行业服务

规范标准的制定，使之统一为全行业的标准，逐步形成规范、公平、有序的竞争环境。

五是注重研发创新，加快服务型人才培养。政府应积极支持与引导知识与技术密集型的现代服务产业领域的研发与创新，一方面加强该领域的基础理论和技术研究，另一方面充分调动“产学研”三方的积极性，并促使它们之间展开广泛的合作，以此来加强实用性技术的开发与应用。政府除了要鼓励教育机构、企业和行业协会开展多层次人才培训之外，还应推行现代服务业从业人员资格准入及管理制度，规范人员资质，为现代服务业发展提供充足的人才储备。

6.2.4 做好顶层设计，促进产业融合式发展

目前，我国的产业结构调整面临两大困境：一是三次产业结构的比例偏差过大，表现为第二产业主要是工业比重过高，而第三产业尤其是现代服务业发展不足；二是各次产业升级缓慢。这两个问题即是产业结构的不合理及高级化程度不足。从产业结构角度来看，这也是制约我国经济增长质量的主要因素。未来提高我国的经济增长质量应不断增进劳动与产出之间的耦合以促进产业结构合理化，不断发展现代产业尤其是现代服务业以促进产业结构高级化。由于以农业、工业和服务业为主的各次产业结构之间具有关联性，产业结构的调整与升级不是孤立的，而是一项复杂的系统工程，需要通过顶层设计，以产业融合式发展来推进产业结构的优化升级。具体对策如下：

一是改变产业发展的传统思路。传统观点认为服务业是不创造价值的非生产性行业，故其发展长期受到忽视、压制；同时过于偏重工业生产，导致社会资本大量涌入工业产业。实践经验已经证明，这种重工业轻商业的发展思路不利于最大程度地实现商品的经济效益。应改变传统思路，重视与商品生产相匹配的服务业发展尤其是生产性服务业发展，如物流、金融、信息服务等，这不仅能提高商品的经济效益，而且对产业融合及产业结构的优化升级有重要意义。

二是提供良好的制度支持环境。产业融合牵涉到各个产业价值链之间相互交织、重新组合。发生的这些具体过程，需由政府提供好的制度支持环境，如进行改变传统产业、行业分立的多重管制，采用单一管制来促进产业间的融合，减少对市场准入及许可等方面的管制，增加对知识产权的保护，以及激励企业及企业家的创新精神等。良好的外部环境可以提高市场效率，加快产业融合进程。

三是制定合理的主导产业政策。一方面仍需遵循比较优势，大力发展劳动力密集型产业来充分吸纳低端劳动力就业，促进劳动与产出的耦合；另一方面要制定合理的主导产业政策，形成以主导产业为核心的产业集群，模糊产业发展边界，促进产业间融合，为产业结构的优化升级提供动力和方向。如大力发展高端装备制造、新能源、新材料、信息技术等战略性新兴行业。

四是加强自主创新，为产业融合提供技术支持。技术创新是产业融合的内在动力之一。现代高新技术尤其是信息技术已经逐渐渗透到各个产业，导致产业的大融合。但同时这些高新技术往往受制于人且无法引进，要靠自主创新。技术创新的主体是企业，国家应积极鼓励企业进行高新技术的投资和研发，消除产业融合过程中的技术门槛。

五是大力发展教育，为产业融合提供人才支持。以产业融合来优化升级产业结构的关键制约因素在于人才瓶颈。由高新技术所引发的产业融合需要大量精通新技术、新经济的专业型、复合型人才，而目前我国劳动力整体素质不高是不争的事实；因此，应提高教育质量，推动职业培训的发展，提升劳动力素质。通过教育所形成的人力资本“均化”不仅可以促进现代农业、先进制造业及现代服务业的融合发展，而且能够缩小贫富差距，提升经济增长质量。

6.3 研究不足及展望

尽管本书在研究设计及写作上力求科学性与创新性，但由于选题的独特性以及研究条件有限，还存在以下不足需要在后续研究工作中加以改进：

第一，本书采用软集合方法测算了广义视角下中国的经济增长质量状况，并与支持向量机结合，研究了产业结构变迁对中国经济增长质量的影响。软集合方法是继偏最小二乘回归、支持向量机之后又一处理小样本或样本个数小于指标个数的新方法，它应用在经济增长质量评价研究中尚属首次，故只能参照现有方法对经济增长质量进行研究，因此在研究广度与深度上还需进一步拓展。

第二，广义经济增长质量评价属于规范性价值判断的范畴，对于其内涵的界定与相应度量指标的选择是一个仁者见仁、智者见智的问题。本书在指标选择与指标体系构建上都尽可能反映经济增长中质量问题的方方面面。由于统计方法及数据上的一些限制，本书在某些指标的选择上做了一些妥协，选择了较易获取数据的统计指标进行计算，致使部分指标的可靠性和精确度都无法达到深入研究的要求，后续研究应该仔细调研以获得一些更为真实、质量更高的数据，确保研究的可靠性。

第三，在本书的软集合参数约简中，对连续型数据离散化选用的方法是最常用的等频率法，较易实践。但采用这种方法在数据离散化过程中对信息系统的具体参数值考虑较少，可能会损失部分有用信息，如何尽可能保持信息系统原有的分类关系，保障离散化处理后结果的质量，需要进一步更深入的研究。

参考文献

白仲林，赵亮，2011. 我国通货膨胀率的最优目标区间几何？［J］. 统计研究（6）：6-10.

弗里德曼，2013. 经济增长的道德意义［M］. 北京：中国人民大学出版社.

钞小静，惠康，2009. 中国经济增长质量的测度［J］. 数量经济技术经济研究（6）：75-86.

钞小静，任保平，2008. 中国的经济转型与经济增长质量：基于 TFP 贡献的考察［J］. 当代经济科学，30（4）：23-29.

钞小静，任保平，2011. 中国经济增长质量的时序变化与地区差异分析［J］. 经济研究（4）：26-40.

陈昌兵，2014. 可变折旧率估计及资本存量测算［J］. 经济研究（12）：72-85.

陈佳贵，黄群慧，钟宏武，等，2006. 中国地区工业化进程的综合评价和特征分析［J］. 经济研究（6）：4-15.

陈梦根，2014. 关于投资与消费最优结构问题的探讨［J］. 财贸研究（2）：1-6.

陈彦斌，姚一旻，2010. 中国经济增长的源泉：1978—2007 年［J］. 经济理论与经济管理（5）：20-28.

楚尔鸣，马永军，2014. 消费增长能否提升经济增长质量：基于全要素生产率的分析［J］. 当代经济研究（4）：53-59.

戴武堂，2003. 论经济增长质量及其改善［J］. 中南财经政法大学学报（1）：35-39.

单薇，2003. 基于熵的经济增长质量综合评价［J］. 数学的实践与认识，33（10）：49-54.

范坤，冯长焕，2013. 因子分析中指标数据如何正确预处理［J］. 财会月刊（6）：85-88.

干春晖，郑若谷，余典范，2011. 中国产业结构变迁对经济增长和波动的影响［J］. 经济研究（5）：4-16.
干春晖，郑若谷，2009. 改革开放以来产业结构演进与生产率增长研究：对中国1978—2007年"结构红利假说"的检验［J］. 中国工业经济（2）：55-65.
高新才，李俊衡，2011. 陕西省经济增长质量的动态研究：基于索罗模型的考察［J］. 西北大学学报：哲学社会科学版，41（2）：21-25.
龚迎春，2009. 优化产业结构是提高经济质量的主线［J］. 内蒙古煤炭经济（5）：6-8.
郭峰，杜英，窦学诚，2013. 甘肃省经济增长质量与科技进步的实证分析［J］. 科技管理研究，33（12）：68-71.
郭克莎，1995. 加快我国经济增长方式的转变［J］. 管理世界（5）：31-40.
郭克莎，1996. 论经济增长的速度与质量［J］. 经济研究（1）：36-42.
郭庆旺，贾俊雪，2005. 中国全要素生产率的估算：1979—2004［J］. 经济研究（6）：51-60.
郭熙保，2002. 农业剩余劳动及其转移问题：理论思考与中国的经验［J］. 世界经济（12）：25-32.
何锦义，刘晓静，刘树梅，2006. 当前技术进步贡献率测算中的几个问题［J］. 统计研究（5）：29-35.
贺大兴，姚洋，2014. 不平等、经济增长和中等收入陷阱［J］. 当代经济科学，36（5）：1-9.
洪银兴，2010. 对新中国经济增长质量的系统评价［J］. 福建论坛：人文社会科学版（7）：164-165.
侯利娟，王国胤，聂能，等，2000. 粗糙集理论中的离散化问题［J］. 计算机科学，27（12）：89-94.
江春，吴磊，滕芸，2010. 中国全要素生产率的变化：2000—2008［J］. 财经科学（7）：55-62.
金碚，吕铁，邓洲，2011. 中国工业结构转型升级：进展、问题与趋势［J］. 中国工业经济（2）：5-15.
卡马耶夫，1983. 经济增长的速度和质量［M］. 武汉：湖北人民出版社.
李变花，2008. 中国经济增长质量研究［M］. 北京：中国财政经济出版社.
李标，2011. 对中国自然失业率的估计［D］. 成都：西南财经大学.
李宾，2011. 我国资本存量估算的比较分析［J］. 数量经济技术经济研究（12）：21-36.

李钢，韦结余，金永真，2013. 潮涌现象与产能过剩［J］. 中国经济和信息化（21）：21-23.
李俊江，彭越，2016. 中印经济增长质量比较研究［J］. 当代经济研究（2）：66-74.
李俊霖，叶宗裕，2009. 中国经济增长质量的综合评价［J］. 税务与经济（4）：11-17.
李俊霖，2007. 经济增长质量的内涵与评价［J］. 生产力研究（15）：9-10.
李同宁，2008. 中国投资率与投资效率的国际比较及启示［J］. 亚太经济（2）：42-45.
廖筠，赵真真，2015. 中国经济增长质量的区域比较研究［J］. 北京工商大学学报：社会科学版，30（4）：118-126.
林毅夫，蔡昉，李周，2006. 中国的奇迹：发展战略与经济改革（增订版）［M］. 上海：上海人民出版社.
林毅夫，巫和懋，邢亦青，2010. "潮涌现象"与产能过剩的形成机制［J］. 中国经济学（10）：354-387.
林毅夫，2012. 中国经济专题［M］. 北京：北京大学出版社.
刘海英，张纯洪，2006. 中国经济增长质量提高和规模扩张的非一致性实证研究［J］. 经济科学（2）：13-22.
刘海英，2005. 中国经济增长质量研究［D］. 长春：吉林大学.
刘秋生，刘雪娇，2013. 江苏产业结构变动对经济增长质量的影响［J］. 商业研究（12）：15-20.
刘树成，2007. 论又好又快发展［J］. 经济研究（6）：4-13.
刘伟，张辉，2008. 中国经济增长中的产业结构变迁和技术进步［J］. 经济研究（11）：4-15.
刘小瑜，汪淑梅，2014. 基于集对分析法的我国经济增长质量综合评价［J］. 江西社会科学（12）：48-53.
刘亚建，2002. 我国经济增长效率分析［J］. 思想战线，28（4）：30-33.
刘燕妮，安立仁，金田林，2014. 经济结构失衡背景下的中国经济增长质量［J］. 数量经济技术经济研究（2）：20-35.
马建新，申世军，2007. 中国经济增长质量问题的初步研究［J］. 财经问题研究（3）：18-23.
毛其淋，2012. 二重经济开放与中国经济增长质量的演进［J］. 经济科学（2）：5-20.

诺斯，1994. 经济史中的结构与变迁［M］. 上海：上海人民出版社.
诺斯，1994. 制度、制度变迁与经济绩效［M］. 上海：上海三联书店.
彭德芬，2002. 经济增长质量研究［M］. 上海：华中师范大学出版社.
齐建国，2015. 中国经济“新常态”的语境解析［J］. 西部论坛（1）：51-59.
钱纳里，塞尔奎因，1988. 发展的型式 1950—1970［M］. 北京：经济科学出版社.
钱纳里，1989. 工业化和经济增长的比较研究［M］. 上海：上海三联书店.
任保平，王蓉，2011. 中国东部地区的经济增长质量评价［J］. 江苏社会科学（1）：101-107.
任保平，2015. 经济增长质量的逻辑［M］. 北京：人民出版社.
任保平，2012. 经济增长质量的内涵、特征及其度量［J］. 黑龙江社会科学（3）：56-59.
茹少峰，2014. 宏观经济模型及应用［M］. 北京：科学出版社.
邵晓，任保平，2009. 结构偏差、转化机制与中国经济增长质量［J］. 社会科学研究（5）：14-20.
申飞，2008. 产业结构调整对提高陕西省经济增长质量的实证分析［D］. 西安：西安科技大学.
沈军，白钦先，2013. 中国金融体系效率与金融规模［J］. 数量经济技术经济研究（8）：35-50.
沈利生，2009. 中国经济增长质量与增加值率变动分析［J］. 吉林大学社会科学学报，49（3）：126-134.
世界银行，1995. 东亚奇迹：经济增长与公共政策［M］. 北京：中国财政经济出版社.
宋斌，2013. 中国经济增长质量的测度与区域比较研究：基于包容性增长视角的分析［J］. 宏观质量研究（3）：63-71.
随洪光，2013. 外资引入、贸易扩张与中国经济增长质量提升：基于省际动态面板模型的经验分析［J］. 财贸经济（9）：85-94.
孙蕾，2008. 非对称信息下的卡尔多—希克斯改进［J］. 南开经济研究（2）：53-63.
陶长琪，齐亚伟，2010. 中国全要素生产率的空间差异及其成因分析［J］. 数量经济技术经济研究（1）：19-32.
田江海，1985. 变“数量型”经济为“质量型”经济［J］. 经济研究（9）：32-36.

汪海波，2010. 中国现代产业经济史［M］. 太原：山西经济出版社.

王积业，2000. 关于提高经济增长质量的宏观思考［J］. 宏观经济研究（1）：11-17.

王君磊，王兆凯，杨晓明，2007. 基于层次分析法的经济增长质量评价模型［J］. 统计与决策（12）：49-51.

王敏，黄滢，2015. 中国的环境污染与经济增长［J］. 经济学（季刊）（2）：557-578.

王玉梅，胡宝光，2004. 论经济增长质量之内涵［J］. 市场论坛（2）：24-25.

王志刚，龚六堂，陈玉宇，2006. 地区间生产效率与全要素生产率增长率分解（1978—2003）［J］. 中国社会科学（2）：55-66.

魏宏耀，2013. 运用索洛残差法估算中国的全要素生产率［J］. 发展（3）：84,117.

吴一平，芮萌，2010. 收入分配不平等对刑事犯罪的影响［J］. 经济学（季刊），10（1）：291-310.

武义青，1995. 经济增长质量的度量方法及其应用［J］. 管理现代化（5）：32-34.

项俊波，2008. 中国经济结构失衡的测度与分析［J］. 管理世界（9）：1-11.

肖红叶，李腊生，1998. 我国经济增长质量的实证分析［J］. 统计研究（4）：8-14.

宣茂前，2007. 信阳市产业结构分析与调整策略研究［D］. 南京：南京航空航天大学.

杨治，1985. 产业经济学导论［M］. 北京：中国人民大学出版社.

易纲，樊纲，李岩，2003. 关于中国经济增长与全要素生产率的理论思考［J］. 经济研究（8）：13-20.

张国强，温军，汤向俊，2011. 中国人力资本、人力资本结构与产业结构升级［J］. 中国人口·资源与环境，21（10）：138-146.

张继海，李发毅，2014. 经济增长质量辨析与评价［J］. 中国社会科学院研究生院学报（6）：50-55.

张健华，王鹏，2012. 中国全要素生产率：基于分省份资本折旧率的再估计［J］. 管理世界（10）：18-30.

张军，吴桂英，张吉鹏，2004. 中国省际物质资本存量估算：1952—2000［J］. 经济研究（10）：35-44.

张为杰，张景，2012. 地区产业转型对经济增长质量的贡献度研究：来自京津冀地区的经验［J］. 经济体制改革（2）：44-48.

张长生，2001. 以结构调整为主线，促进经济增长质量的提高［J］. 南方经济（10）：17-21.
章祥荪，贵斌威，2008. 中国全要素生产率分析：Malmquist 指数法评述与应用［J］. 数量经济技术经济研究，25（6）：111-122.
赵宁，2012. 中国经济增长质量提升的制度创新研究［D］. 武汉：武汉大学.
赵英才，张纯洪，刘海英，2006. 转轨以来中国经济增长质量的综合评价研究［J］. 吉林大学社会科学学报（3）：27-35.
郑玉歆，2007. 全要素生产率的再认识：用 TFP 分析经济增长质量存在的若干局限［J］. 数量经济技术经济研究，24（9）：3-11.
钟廷勇，安烨，2014. 要素错配与全要素生产率损失前沿文献评述［J］. 税务与经济（2）：25-30.
钟学义，2001. 增长方式转变与增长质量提高［M］. 北京：经济管理出版社.
朱建民，魏大鹏，2010. 我国产业自主创新的现状、问题及路径选择［J］. 经济与管理研究（1）：17-23.
ACAR U, KOYUNCU F, TANAY B, 2010. Soft sets and soft rings [J]. Computers & Mathematics with Applications, 59 (59): 3458-3463.
AGHION P, HOWITT P, 1992. A model of growth through creative destruction [J]. Econometrica, 60 (2): 323-351.
AGLIETTA M, 2015. What is the quality of growth? sustainability and inclusiveness [J]. Growth is Dead, Long Live Growth: 19.
AKTAş H, ÇAĞMAN N, 2007. Soft sets and soft groups [J]. Information Sciences, 177 (13): 2726-2735.
ALI M I, FENG F, LIU X, et al., 2009. On some new operations in soft set theory [J]. Computers & Mathematics with Applications, 57 (9): 1547-1553.
ALI M I, 2012. Another view on reduction of parameters in soft sets [J]. Applied Soft Computing, 12 (6): 1814-1821.
ARROW K, BOLIN B, COSTANZA R, et al., 1995. Economic growth, carrying capacity, and the environment [J]. Ecological Economics, 15 (2): 89-90.
Arrow K, 1962. The economic implications of learning by doing [J]. Review of Economics and Statistics, 29 (3): 155-173.
BARRO R J, 2002. Quantity and quality of economic growth [J]. Economia Chilena, 5 (2): 17-36.

BAUMOL W J, 2010. Macroeconomics of unbalanced growth: the anatomy of urban crisis [J]. American Economic Review, 57 (3): 415-426.

BERGER A N, DEMSETZ R S, STRAHAN P E, 1999. The consolidation of the financial services industry: causes, consequences, and implications for the future [J]. Journal of Banking & Finance, 23 (2): 135-194.

ÇAĞMAN N, ENGINOĞLU S, 2010. Soft matrix theory and its decision making [J]. Computers & Mathematics with Applications, 59 (10): 3308-3314.

ÇAĞMAN N, ENGINOĞLU S, 2010. Soft set theory and uni-int decision making [J]. European Journal of Operational Research, 207 (2): 848-855.

CASELLI F, 2004. Accounting for cross-country income differences [J]. Social Science Electronic Publishing, 1 (5): 679-741.

CECCHETTI S G, KHARROUBI E, 2012. Reassessing the impact of finance on growth [J]. Social Science Electronic Publishing, 381 (7): 1-17.

CHAPELLE O, VAPNIK V, BOUSQUET O, et al., 2002. Choosing multiple parameters for support vector machines [J]. Machine Learning, 46 (1-3): 131-159.

CHARNES A, COOPER W W, RHODES E, 1978. Measuring the efficiency of decision making units [J]. European Journal of Operational Research, 6 (2): 429-444.

CHEN D, TSANG E C C, YEUNG D S, et al., 2005. The parameterization reduction of soft sets and its applications [J]. Computers & Mathematics with Applications, 49 (5-6): 757-763.

CHEN S, JEFFERSON G H, ZHANG J, 2011. Structural change, productivity growth and industrial transformation in China [J]. China Economic Review, 22 (1): 133-150.

CORTES C, VAPNIK V, 1995. Support-vector networks [J]. Machine Learning, 20 (3): 273-297.

DASGUPTA P, 2000. Economic progress and the idea of social capital [J]. Social Capital: A Multifaceted Perspective: 325-424.

DOWRICK S, GEMMELL N, 1991. Industrialisation, catching up and economic growth: a comparative study across the world's capitalist economies [J]. Economic Journal, 101 (2): 263-275.

DOWRICK S, 1989. Union-oligopoly bargaining [J]. Economic Journal, 99 (5): 1123-1142.

FARE R, GROSSKOPF, NORRIS M, 1997. Productivity growth, technical progress, and efficiency change in industrialized countries: reply [J]. American Economic Review (87): 1040–1043.

FENG F, JUN Y B, ZHAO X, 2008. Soft semirings [J]. Computers & Mathematics with Applications, 56 (10): 2621–2628.

FENG F, LI Y, ÇAĞMAN N, 2012. Generalized uni–int decision making schemes based on choice value soft sets [J]. European Journal of Operational Research, 220 (1): 162–170.

FENG F, LIU X, LEOREANU–FOTEA V, et al., 2011. Soft sets and soft rough sets [J]. Information Sciences, 181 (6): 1125–1137.

FURMAN J, RADELET S, 1998. Economic crises: evidence and insights from East Asia [J]. Brookings Papers on Economic Activity, 58 (2): 1–136.

GONG K, XIAO Z, ZHANG X, 2010. The bijective soft set with its operations [J]. Computers & Mathematics with Applications, 60 (8): 2270–2278.

GROSSMAN G M, HELPMAN E, 1991. Quality ladders in the theory of growth [J]. The Review of Economic Studies, 58 (1): 43–61.

HERAWAN T, DERIS M M, 2011. A soft set approach for association rules mining [J]. Knowledge–Based Systems, 24 (1): 186–195.

HOFFMAN W G, 1965. Das wachstum der deutschen wirtschaft seit der mitte des 19 [M]. Berlin: Jahrhunderts.

HSIEH C T, KLENOW P J, 2010. Development accounting [J]. American Economic Journal Macroeconomics, 2 (1): 207–223.

JIANG Y, TANG Y, CHEN Q, et al., 2010. Interval–valued intuitionistic fuzzy soft sets and their properties [J]. Computers & Mathematics with Applications, 60 (3): 906–918.

JUN Y B, PARKB C H, 2008. Applications of soft sets in ideal theory of BCK/BCI–algebras [J]. Information Sciences, 178 (11): 2466–2475.

JUN Y B, 2008. Soft BCK/BCI–algebras [J]. Computers & Mathematics with Applications, 56 (5): 1408–1413.

KONG Z, GAO L, WANG L, et al., 2008. The normal parameter reduction of soft sets and its algorithm [J]. Computers & Mathematics with Applications, 56 (12): 3029–3037.

KOVKOV D V, KOLBANOV V M, MOLODTSOV D A, 2007. Soft sets theory–based optimization [J]. Journal of Computer & Systems Sciences International, 46 (6): 872-880.

KUZNETS S, 1966. Modern economics growth [M]. New Haven CT: Yale University Press.

LóPEZ R E, THOMAS V, WANG Y, 2008. The quality of growth: fiscal policies for better results [J]. Social Science Eletronic Publishing (6): 11-15.

LUCAS R E, 1988. On the mechanics of economic development [J]. Journal of Monetary Economics, 22 (1): 3-42.

MAJI P K, BISWAS R, ROY A R, 2001. Fuzzy soft sets [J]. Journal of Fuzzy Mathematics, 9 (3): 589-602.

MAJI P K, BISWAS R, ROY A R, 2001. Intuitionistic fuzzy soft sets [J]. Journal of fuzzy mathematics, 9 (3): 677-692.

MAJI P K, BISWAS R, ROY A R, 2003. Soft set theory [J]. Computers & Mathematics with Applications, 45 (4-5): 555-562.

MAJI P K, ROY A R, BISWAS R, 2002. An application of soft sets in a decision making problem [J]. Computers & Mathematics with Applications, 44 (8-9): 1077-1083.

MAJUMDAR P, SAMANTA S K, 2010. Generalised fuzzy soft sets [J]. Computers & Mathematics with Applications, 59 (4): 1425-1432.

MANISH G P, 2013. Market reforms in India and the quality of economic growth [J]. Independent Review, 18 (2): 241-262.

MATSUYAMA K, 1992. Agricultural productivity, comparative advantage and economic growth [J]. Journal of Economic Theory, 58 (2): 317-334.

MENG D, ZHANG X, QIN K, 2011. Soft rough fuzzy sets and soft fuzzy rough sets [J]. Computers & Mathematics with Applications, 62 (12): 4635-4645.

MIN W K, 2012. Similarity in soft set theory [J]. Applied Mathematics Letters, 25 (3): 310-314.

MITCHELL B R, 2007. International historical statistics, 1750—2005 [M]. New York: Palgrave Macmillan.

MLACHILA M, TAPSOBA R, TAPSOBA S, 2014. A quality of growth index for developing countries: a proposal a quality of growth index for developing countries: a proposal [J]. Imf Working Papers, 14 (172): 1-32.

MOLODTSOV D A, 2011. Soft portfolio control [J]. Automation & Remote Control,

72 (8): 1705-1717.

MOLODTSOV D, 1999. Soft set theory—first results [J]. Computers & Mathematics with Applications, 37 (4-5): 19-31.

MOLODTSOV D, 2004. The theory of soft sets [M]. Moscow: URSS Publishers.

MUSHRIF M M, SENGUPTA S, RAY A K, 2006. Texture classification using a novel, soft-set theory based classification algorithm [C] Asian Conference on Computer Vision. Springer-Verlag: 246-254.

PAWLAK Z, 1982. Rough sets [J]. Communications of the Acm, 11 (5): 341-356.

PAWLAK Z, 2004. Some issues on rough sets [M]. Heidelberg: Springer Berlin: 1-58.

PENEDER M, 2002. Structural change and aggregate growth [J]. Structural Change & Economic Dynamics, 14: 36-48.

PROHNITCHI V, OPRUNENCO A, LAPTEACRU I, 2006. National human development report 2006: quality of economic growth and its impact on human development [J]. United Nations Development Programme: 51-85.

QI Z, TIAN Y, SHI Y, 2013. Structural twin support vector machine for classification [J]. Knowledge-Based Systems, 43 (2): 74-81.

QIN H, MA X, HERAWAN T, et al., 2011. Data filling approach of soft sets under incomplete information [M] // Intelligent Information and Database Systems. Heidelberg: Springer Berlin: 302-311.

QIN K, HONG Z, 2010. On soft equality [J]. Journal of Computational & Applied Mathematics, 234 (5): 1347-1355.

ROMER P, 1989. Endogenous technological change [R]. National Bureau of Economic Research.

ROY A R, MAJI P K, 2007. A fuzzy soft set theoretic approach to decision making problems [J]. Journal of Computational & Applied Mathematics, 203 (2): 412-418.

SACHS J, WOO W T, 1994. Structural factors in the economic reforms of China, Eastern Europe, and the Former Soviet Union [J]. Papers, 9 (18): 102-145.

SCHULTZ T W, 1961. Investment in human capital [J]. The American Economic Review, 51 (1): 1-17.

SEZGIN A, ATAGÜN A O, 2011. On operations of soft sets [J]. Computers & Mathematics with Applications, 61 (5): 1457-1467.

SEZGIN A, ATAGÜN A O, 2011. Soft groups and normalistic soft groups [J]. Computers & Mathematics with Applications, 62 (2): 685-698.

SHEPHARD R W, 1970. Theory of cost and production functions [J]. Economic Journal, 35 (3): 177-188.

SOLOW R M, 1956. A contribution to the theory of economic growth [J]. Quarterly Journal of Economics, 70 (1): 65-94.

SOLOW R M, 1957. Technical change and the aggregate production function [J]. The Review of Economics and Statistics: 312-320.

STIGLITZ J E, YUSUF S, 2001. Rethinking the East Asia miracle [J]. Journal of Economic Studies, 30 (6): 636-644.

TEMIN P, 2002. The golden age of european growth reconsidered [J]. European Review of Economic History, 6 (6): 3-22.

TEMPLE J R W, 2001. Structural change and europe's golden era [J] Cepr Discussion Papers (5): 1-30.

UZAWA H, 1965. Optimal technical change in an aggregate model of economic growth [J]. International Economic Review, 6 (1): 18-31.

VAPNIK V N, 1995. The nature of statistical learning theory [M]. New York: Springer-Verlag.

VAPNIK V N, 1997. The support vector method [M]. Heidelberg: Springer Berlin: 261-271.

Xia M, et al., 2011. Analysis on APEC's new economic growth strategy [J]. Asia-Pacific Economic Review, 4: 18-22.

XIAO Z, GONG K, XIA S, et al., 2010. Exclusive disjunctive soft sets [J]. Computers & Mathematics with Applications, 59 (6): 2128-2137.

XIAO Z, GONG K, ZOU Y, 2009. A combined forecasting approach based on fuzzy soft sets [J]. Journal of Computational & Applied Mathematics, 228 (1): 326-333.

XIAO Z, ZOU Y, 2014. A comparative study of soft sets with fuzzy sets and rough sets [J]. Journal of Intelligent & Fuzzy Systems: 425-434.

XU W, MA J, WANG S, et al., 2010. Vague soft sets and their properties [J]. Computers & Mathematics with Applications, 59 (2): 787-794.

XU W, XIAO Z, DANG X, et al., 2014. Financial ratio selection for business failure prediction using soft set theory [J]. Knowledge-Based Systems, 63 (3): 59-67.

YANG X, LIN T Y, YANG J, et al., 2009. Combination of interval-valued fuzzy set and soft set [J]. Computers & Mathematics with Applications, 58 (3): 521-527.

YOUNG A, 1995. The tyranny of numbers: confronting the statistical realities of the East Asian growth experience [J]. Quarterly Journal of Economics, 110 (3): 641-680.

ZADEH L A, 1965. Fuzzy sets [J]. Information & Control, 8 (65): 338-353.

ZOU Y, XIAO Z, WANG X, 2015. Introduction to linear representations of soft groups [J]. Journal of Intelligent & Fuzzy Systems, 29 (4): 1511-1519.

ZOU Y, XIAO Z, 2008. Data analysis approaches of soft sets under incomplete information [J]. Knowledge-Based Systems, 21 (8): 941-945.

附录

附录A 指标数据

附表1 经济增长质量评价指标数据

年份	e_1	e_2	e_3	e_4	e_5	e_6	e_7	e_8	e_9	e_{10}	e_{11}	e_{12}
1990	0.29	0.45	-0.07	0.22	0.54	0.25	0.89	0.17	-0.07	0.03	0.03	0.01
1991	0.31	0.46	0.05	0.26	0.57	0.22	0.92	0.18	1.38	0.03	0.02	0.01
1992	0.35	0.48	0.09	0.28	0.66	0.20	0.91	0.19	0.54	0.06	0.02	0.01
1993	0.40	0.49	0.07	0.29	0.75	0.19	1.01	0.18	-0.03	0.15	0.03	0.01
1994	0.45	0.49	0.06	0.26	0.70	0.21	0.89	0.17	-0.06	0.24	0.03	0.01
1995	0.49	0.48	0.04	0.24	0.66	0.23	0.87	0.19	-0.16	0.17	0.03	0.01
1996	0.53	0.47	0.03	0.23	0.63	0.24	0.93	0.20	-0.10	0.08	0.03	0.01
1997	0.58	0.47	0.02	0.24	0.60	0.22	1.00	0.21	-0.07	0.03	0.03	0.01
1998	0.61	0.45	0.01	0.24	0.58	0.21	1.13	0.12	-0.15	-0.01	0.03	0.01
1999	0.65	0.44	0.01	0.26	0.55	0.20	1.19	0.10	-0.03	-0.01	0.03	0.01
2000	0.70	0.43	0.02	0.28	0.53	0.18	1.19	0.09	0.11	0.00	0.03	0.01
2001	0.75	0.42	0.02	0.29	0.58	0.17	1.22	0.31	-0.01	0.01	0.04	0.01
2002	0.82	0.42	0.03	0.31	0.60	0.16	1.43	0.35	0.10	-0.01	0.04	0.01
2003	0.89	0.41	0.03	0.32	0.69	0.15	1.51	0.43	0.10	0.01	0.04	0.01
2004	0.98	0.40	0.03	0.28	0.76	0.18	1.40	0.47	0.01	0.04	0.04	0.01
2005	1.08	0.39	0.04	0.27	0.75	0.17	1.34	0.53	0.12	0.02	0.04	0.01
2006	1.21	0.39	0.05	0.26	0.76	0.17	1.33	0.54	0.12	0.01	0.04	0.01
2007	1.38	0.39	0.07	0.23	0.80	0.18	1.27	0.55	0.12	0.05	0.04	0.01
2008	1.50	0.38	0.02	0.22	0.86	0.18	1.20	0.49	-0.32	0.06	0.04	0.01
2009	1.64	0.36	0.01	0.21	0.91	0.19	1.43	0.54	-0.04	-0.01	0.04	0.02

附表1(续)

年份	e_1	e_2	e_3	e_4	e_5	e_6	e_7	e_8	e_9	e_{10}	e_{11}	e_{12}
2010	1.80	0.34	0.02	0.19	0.96	0.19	1.44	0.62	0.15	0.03	0.04	0.02
2011	1.97	0.33	0.02	0.17	0.94	0.21	1.42	0.67	-0.10	0.05	0.04	0.02
2012	2.11	0.31	0.00	0.16	0.92	0.22	1.51	0.68	-0.19	0.03	0.04	0.02
2013	2.27	0.30	0.01	0.13	0.91	0.24	1.58	0.71	0.00	0.03	0.04	0.02
2014	2.42	0.30	0.03	0.13	0.89	0.24	1.69	0.71	-0.05	0.02	0.04	0.02

年份	e_{13}	e_{14}	e_{15}	e_{16}	e_{17}	e_{18}	e_{19}	e_{20}	e_{21}	e_{22}	e_{23}	e_{24}
1990	0.04	0.02	7.87	34.09	0.34	2.20	0.15	5.26	0.46	0.08	188.56	3.09
1991	0.04	0.02	6.25	34.41	0.32	2.40	0.14	5.06	0.55	0.08	163.84	2.88
1992	0.08	0.03	6.26	34.77	0.38	2.58	0.12	4.65	0.36	0.07	156.26	2.64
1993	0.12	0.06	6.47	34.74	0.36	2.80	0.11	4.34	0.45	0.07	133.11	2.32
1994	0.17	0.07	6.74	35.04	0.44	2.86	0.11	4.06	0.44	0.06	120.90	2.05
1995	0.16	0.08	6.72	35.15	0.45	2.71	0.10	3.91	0.63	0.07	106.21	1.92
1996	0.15	0.09	6.79	35.23	0.49	2.51	0.10	3.67	0.31	0.06	95.85	1.79
1997	0.15	0.10	7.01	35.57	0.40	2.47	0.10	3.38	0.05	0.06	103.36	2.63
1998	0.13	0.16	7.09	35.46	0.40	2.51	0.09	3.14	0.03	0.05	91.04	1.85
1999	0.11	0.18	7.18	35.45	0.40	2.65	0.09	3.01	0.42	0.04	85.89	1.68
2000	0.10	0.21	7.11	35.43	0.42	2.79	0.09	2.88	0.54	0.04	82.04	1.61
2001	0.10	0.23	7.62	35.32	0.49	2.90	0.09	2.74	0.70	0.04	78.98	1.62
2002	0.10	0.27	7.73	33.24	0.45	3.11	0.09	2.67	0.99	0.03	73.50	1.58
2003	0.08	0.30	7.91	33.90	0.48	3.23	0.09	2.79	1.62	0.03	69.93	1.53
2004	0.07	0.32	8.01	34.51	0.47	3.21	0.09	2.95	1.67	0.03	66.61	1.66
2005	0.06	0.36	7.83	34.91	0.49	3.22	0.10	2.93	1.19	0.03	65.07	1.67
2006	0.05	0.39	8.04	35.97	0.49	3.28	0.10	2.85	0.76	0.03	59.09	1.67
2007	0.04	0.40	8.19	37.18	0.48	3.33	0.13	2.70	0.61	0.02	53.67	1.69
2008	0.04	0.41	8.27	38.96	0.49	3.31	0.15	2.56	0.31	0.02	50.31	1.67
2009	0.03	0.43	8.38	41.48	0.49	3.33	0.16	2.47	0.53	0.02	47.46	1.64
2010	0.03	0.44	8.21	43.82	0.48	3.23	0.17	2.37	0.69	0.02	44.95	1.75
2011	0.02	0.49	8.85	46.04	0.48	3.13	0.19	2.31	0.77	0.01	43.37	2.16
2012	0.02	0.51	8.94	49.30	0.47	3.10	0.21	2.23	0.51	0.01	42.27	2.03
2013	0.02	0.62	9.05	52.99	0.47	2.81	0.23	2.15	0.48	0.01	39.87	1.88
2014	0.01	0.63	9.28	55.49	0.47	2.75	0.25	2.05	0.30	0.01	37.74	1.74

附表 2　产业结构指标数据　　单位:%

年份	c_1	c_2	c_3	c_4	c_5	c_6	c_7	c_8	c_9	c_{10}	c_{11}	c_{12}	c_{13}
1990	27.1	41.3	31.5	60.1	21.4	18.5	18.7	6.0	8.1	22.5	98.0	79.2	585.0
1991	24.5	41.8	33.7	59.7	21.4	18.9	5.4	17.9	24.2	25.6	94.0	83.4	595.8
1992	21.8	43.5	34.8	58.5	21.7	19.8	9.7	28.5	27.5	28.2	87.0	82.7	605.6
1993	19.7	46.6	33.7	56.4	22.4	21.2	18.7	40.7	27.4	29.0	87.0	74.9	610.0
1994	19.9	46.6	33.6	54.3	22.7	23.0	37.5	36.4	35.8	26.2	86.0	74.6	609.3
1995	20.0	47.2	32.9	52.2	23.0	24.8	26.9	27.8	23.5	24.0	90.0	72.1	607.8
1996	19.7	47.5	32.8	50.5	23.5	26.0	15.5	18.0	16.8	22.5	94.0	71.4	608.5
1997	18.3	47.5	34.2	49.9	23.7	26.4	2.8	11.0	15.7	23.6	97.0	74.5	615.2
1998	17.6	46.2	36.2	49.8	23.5	26.7	2.5	3.9	13.1	24.0	97.0	81.1	621.2
1999	16.5	45.8	37.8	50.1	23.0	26.9	-0.5	5.2	10.7	26.0	97.0	85.3	627.7
2000	15.1	45.9	39.0	50.0	22.5	27.5	1.2	11.0	14.1	28.3	65.4	87.7	634.7
2001	14.4	45.2	40.5	50.0	22.3	27.7	5.3	8.7	14.5	29.3	64.4	92.4	643.5
2002	13.7	44.8	41.5	50.0	21.4	28.6	4.4	8.9	12.5	30.7	63.8	95.5	644.0
2003	12.8	46.0	41.2	49.1	21.6	29.3	4.8	15.8	12.3	31.6	54.5	92.5	646.5
2004	13.4	46.2	40.4	46.9	22.5	30.6	23.2	18.4	15.3	27.7	46.0	90.1	642.9
2005	12.1	47.4	40.5	44.8	23.8	31.4	4.3	18.5	16.1	27.1	44.9	88.3	647.3
2006	11.1	47.9	40.9	42.6	25.2	32.2	6.9	18.4	18.5	25.7	42.5	88.4	651.5
2007	10.8	47.3	41.9	40.8	26.8	32.4	19.2	21.3	26.2	23.4	41.6	92.0	654.6
2008	10.7	47.4	41.8	39.6	27.2	33.2	17.9	18.3	18.1	22.0	40.1	91.8	654.5
2009	10.3	46.2	43.4	38.1	27.8	34.1	4.3	6.6	13.0	20.5	41.6	97.3	659.3
2010	10.1	46.7	43.2	36.7	28.7	34.6	15.2	19.6	17.7	19.3	39.9	95.7	659.6
2011	10.0	46.6	43.4	34.8	29.5	35.7	17.3	18.3	18.7	17.3	39.0	96.1	660.1
2012	10.1	45.3	44.6	33.6	30.3	36.1	10.3	7.5	13.3	15.5	40.2	101.2	662.7
2013	10.0	43.9	46.1	31.4	30.1	38.5	8.7	6.9	13.5	13.4	41.4	107.4	666.1
2014	9.2	42.6	48.2	29.5	29.9	40.6	5.4	5.8	10.8	12.6	42.4	112.5	673.3

附录B　MATLAB 程序

说明：main_program.m 为 LS-SVR 模型的 MATLAB 主程序；predict_my.m 为测算最优 LS-SVR 模型下 x 变动对 y 影响的 MATLAB 程序；relativeerror.m 为计算相对误差的 MATLAB 程序；main_program.m 调用 predict_my.m 和 relativeerror.m。

程序一：main_program.m

```
clear
clc
%ally1 表示 MI , ally2 表示 QGI
[num,txt,raw] = xlsread('shuju.xlsx');
odata=num;
[om,on]=size(odata);
allx=odata(:,1:on-2);
ally1=odata(:,on-1);
ally2=odata(:,on);
%% 参数设置
trainstart=1;
trainend=21;
evaluationstart=22;
evaluationend=om;
nnnn; %循环次数
%% 分割数据
xtraindata=allx(trainstart:trainend,:);
y1traindata=ally1(trainstart:trainend);
y2traindata=ally2(trainstart:trainend);
xevaluationdata=allx(evaluationstart:evaluationend,:);
y1evaluationdata=ally1(evaluationstart:evaluationend);
y2evaluationdata=ally2(evaluationstart:evaluationend);
ppth_1=xevaluationdata;
ppth_2=xevaluationdata;
```

```
x1 = xtraindata;
y1 = y1traindata;
x2 = xtraindata;
y2 = y2traindata;
%% 训练模型
type = 'function estimation';
typekernel = 'RBF_kernel';
[xmmm,xnnn] = size(xevaluationdata);
[gam1,sig21,alpha1,b1,yt1_optimal,errory1_optimal,rerrory1_optimal,...
    minus_errory_optimal1,errory_change1,rerrory_change1,...
    minus_errory_change1,minus_errory_change_percentage1,...
    sumerrory_average1,rerrory_sum1,avg_minus1_1990_2000,...
    avg_minus1_2001_2010,avg_minus1_2011_2014,...
    avg_minus1_1990_2000_percentage,avg_minus1_2001_2010_percentage,...
    avg_minus1_2011_2014_percentage,reerror_y1all,...
    minus1_error_yall_percentage,avg_minus1_all_1990_2000,...
    avg_minus1_all_2001_2010,avg_minus1_all_2011_2014,...
    avg_minus1_all_1990_2000_percentage,...
    avg_minus1_all_2001_2010_percentage,...
    avg_minus1_all_2011_2014_percentage,sumerrory1all,...
    sumreerror_y1all,summinus_error_y1all,...
    summinus_error_y1all_percentage,...
    sumerrory1all_average,sumreerror_y1all_average,...
    summinus_error_y1all_avg,summinus_error_y1all_percentage_avg...
    ] = predict_my(x1,y1,ppth_1,y1evaluationdata,allx,ally1,type,...
    typekernel,nnnn,xmmm,xnnn,om)
[gam,sig2,alpha,b,yt_optimal,errory_optimal,rerrory_optimal,...
    minus_errory_optimal,errory_change,rerrory_change,...
    minus_errory_change,minus_errory_change_percentage,...
    sumerrory_average,rerrory_sum,avg_minus_1990_2000,...
    avg_minus_2001_2010,avg_minus_2011_2014,...
    avg_minus_1990_2000_percentage,avg_minus_2001_2010_percentage,...
    avg_minus_2011_2014_percentage,reerror_yall,...
```

```
    minus_error_yall_percentage,avg_minus_all_1990_2000,...
    avg_minus_all_2001_2010,avg_minus_all_2011_2014,...
    avg_minus_all_1990_2000_percentage,...
    avg_minus_all_2001_2010_percentage,...
    avg_minus_all_2011_2014_percentage,sumerroryall,sumreerror_yall,...
    summinus_error_yall,summinus_error_yall_percentage,...
    sumerroryall_average,sumreerror_yall_average,...
    summinus_error_yall_avg,summinus_error_yall_percentage_avg...
    ]=predict_my(x2,y2,ppth_2,y2evaluationdata,allx,ally2,type,...
    typekernel,nnnn,xmmm,xnnn,om)
%% 存储内存变量
filename2=['matlab',datestr(now,30),'.mat'];
save(filename2);
```

程序二:predict_my.m

```
function [gam,sig2,alpha,b,yt_optimal,errory_optimal,rerrory_optimal,...
    minus_errory_optimal,errory_change,rerrory_change,...
    minus_errory_change,minus_errory_change_percentage,...
    sumerrory_average,rerrory_sum,avg_minus_1990_2000,...
    avg_minus_2001_2010,avg_minus_2011_2014,...
    avg_minus_1990_2000_percentage,avg_minus_2001_2010_percentage,...
    avg_minus_2011_2014_percentage,reerror_yall,...
    minus_error_yall_percentage,avg_minus_all_1990_2000,...
    avg_minus_all_2001_2010,avg_minus_all_2011_2014,...
    avg_minus_all_1990_2000_percentage,...
    avg_minus_all_2001_2010_percentage,...
    avg_minus_all_2011_2014_percentage,sumerroryall,sumreerror_yall,...
    summinus_error_yall,summinus_error_yall_percentage,...
    sumerroryall_average,sumreerror_yall_average,...
    summinus_error_yall_avg,summinus_error_yall_percentage_avg...
    ]=predict_my(x,y,ppth,yevaluationdata,allx,ally,type,...
    typekernel,nnnn,xmmm,xnnn,om)
for i=1:nnnn
```

```
[gam,sig2] = tunelssvm({x,y,type,[],[],typekernel},'simplex',...
    'leaveoneoutlssvm',{'mse'});
[alpha,b] = trainlssvm({x,y,type,gam,sig2,typekernel,'preprocess'});
yt=simlssvm({x,y,type,gam,sig2,typekernel,'preprocess'},{alpha,b},ppth);
ytevery(:,i)=yt;
ypreyear(:,i)=abs(yt-yevaluationdata);
yrelativeerror(:,i)=relativeerror(yt,yevaluationdata);
yerror(i)=sum(abs(yt-yevaluationdata));
y_avg_error(i)=sum(abs(yt-yevaluationdata))/xmmm;
gamy(i)=gam;
sig2y(i)=sig2;
alphay(:,i)=alpha;
by(i)=b;
end
%% 最优参数
[minvalue1,index1]=min(yerror);
gam=gamy(index1);
sig2=sig2y(index1);
alpha=alphay(:,index1);
b=by(index1);
[xm,xn]=size(allx);
%% 最优参数模型
yt_optimal=simlssvm({x,y,type,gam,sig2,typekernel,'preprocess'},...
    {alpha,b}, allx);
errory_optimal=abs(yt_optimal-ally);
rerrory_optimal=relativeerror(yt_optimal,ally);
minus_errory_optimal=yt_optimal-ally;
%% 单个x变动0.5
for zii=1:xnnn
    xpr=allx;
    xtemp=xpr(:,zii);
    xpr(:,zii)=xtemp+0.5;
ytcc =simlssvm({x,y,type,gam,sig2,typekernel,'preprocess'},...
```

```
    {alpha,b}, xpr);
    yt_change(:,zii)=ytcc;
    errory_change(:,zii)= abs(ytcc-ally);
    rerrory_change(:,zii)=relativeerror(ytcc,ally);
    minus_errory_change(:,zii)=ytcc-ally;
    minus_errory_change_percentage(:,zii)=(ytcc-ally)./ally;
end
sumerrory=sum(errory_change);
sumerrory_average=sumerrory/xm;
rerrory_sum=sum(rerrory_change)/xm;
minus_sum=sum(minus_errory_change);
avg_minus_1990_2000=sum(minus_errory_change(1:11,:))/11;
avg_minus_2001_2010=sum(minus_errory_change(12:21,:))/10;
avg_minus_2011_2014=sum(minus_errory_change(22:om,:))/4;
avg_minus_1990_2000_percentage=sum(...
    minus_errory_change_percentage(1:11,:))/11;
avg_minus_2001_2010_percentage=sum(...
    minus_errory_change_percentage(12:21,:))/10;
avg_minus_2011_2014_percentage=sum(...
    minus_errory_change_percentage(22:om,:))/4;
%% 所有 x 同时变动 0.5
xprall=allx;
xprall=xprall+0.5;
yt_change_all=simlssvm({x,y,type,gam,sig2,typekernel,...
    'preprocess'},{alpha,b}, xprall);
error_yall=abs(yt_change_all-ally);
reerror_yall=relativeerror(yt_change_all,ally);
minus_error_yall=yt_change_all-ally;
minus_error_yall_percentage=(yt_change_all-ally)./ally;
avg_minus_all_1990_2000=sum(minus_error_yall(1:11,:))/11;
avg_minus_all_2001_2010=sum(minus_error_yall(12:21,:))/10;
avg_minus_all_2011_2014=sum(minus_error_yall(22:om,:))/4;
avg_minus_all_1990_2000_percentage=sum(...
```

```
    minus_error_yall_percentage(1:11,:))/11;
avg_minus_all_2001_2010_percentage=sum(...
    minus_error_yall_percentage(12:21,:))/10;
avg_minus_all_2011_2014_percentage=sum(...
    minus_error_yall_percentage(22:om,:))/4;
sumerroryall=sum(error_yall);
sumreerror_yall=sum(reerror_yall);
summinus_error_yall=sum(minus_error_yall);
summinus_error_yall_percentage=sum(minus_error_yall_percentage);
sumerroryall_average=sumerroryall/xm;
sumreerror_yall_average=sumreerror_yall/xm;
summinus_error_yall_avg=sum(minus_error_yall)/xm;
summinus_error_yall_percentage_avg=sum(minus_error_yall_percentage)/xm;
end
```

程序三:relativeerror.m

```
function error_relative=relativeerror(pred_y,original_y)
[omm,onn]=size(original_y);
no_zero_index=find(original_y);
zero_index= ~original_y;
error_relative=zeros(omm,onn);
error_relative(no_zero_index)= abs(pred_y(no_zero_index)-...
    original_y(no_zero_index))./original_y(no_zero_index);
error_relative(zero_index)= abs(pred_y(zero_index)-...
    original_y(zero_index));
end
```

后记

本书是在我的博士学位论文的基础上修改、充实而成的。从论文选题、研究方法到成文定稿，我的导师肖智教授都给予了悉心的指导和宝贵的启发。导师高尚的品德、渊博的学识、严谨的治学态度、谦和的为人处世方式和兢兢业业的工作作风，都让我深深景仰。饮其流者怀其源，成吾学时念吾师。值此书稿付梓之际，谨向导师致以最诚挚的谢意！

本书得到了重庆工商大学 2018 年国家一流专业经济学项目的资助。经济学院领导给予了我毫无保留的鼓励与热心扶持，西南财经大学出版社在本书出版过程中做了许多极其细致且卓有成效的工作，在此一并郑重致谢。

还要特别感谢我的家人。在我求学路上父母给予了我含辛茹苦的付出和无微不至的关怀。父母之恩，水不能溺，火不能灭，难以报答。感谢我的妻子一路的陪伴和对家庭的辛勤付出。感谢儿子的乖巧懂事，为我带来了无尽的欢乐！家人们的关心、支持、勉励与包容，成为我追梦路上不竭的动力！

由于本人才学所限，本书还存在相当多的疏漏与遗憾。这是本人对所有寄厚望于本人的师友和亲人们的愧疚，唯愿这份愧疚能在以后的工作和研究中通过不断砥砺、勤学精业来弥补。

2021 年 6 月于重庆工商大学